すぐ分かる! ターゲット別早分かりルアータイプ検索付き

海ルアーのトリセツ

つり人社書籍編集部 編

シーバス
（スズキ）

タイリクスズキ

ヒラスズキ

ショアからねらえるターゲットの代表格。一般的にはスズキと呼ばれ、ルアーフィッシング愛好家には「シーバス」の愛称で親しまれている。東北から九州に生息し、港湾部、河川、磯、サーフなどフィールドも多彩で全国的に人気が高い。30㎝くらいまでをセイゴ、60㎝までをフッコ、それ以上をスズキと呼び分ける出世魚でもある。

シーバスはさらに、本州以南に広く分布する一般的なマルスズキ、九州から房総の、特に磯に回遊してくる体高があり尾ビレが太く大きなウロコが特徴のヒラスズキ、九州や四国で見られる大陸から入ってきたタイリクスズキに分かれる。マルスズキとの交配種と思われるハイブリッドも確認されている。

One Point Advice!

人気ターゲットで釣り人口も多いシーバスは、さまざまな攻略法が開拓されている。また、季節や場所によっては特定のベイトを偏食する傾向があり、その習性に応じてルアーの種類も多岐にわたる。表層からボトムまでをカバーできるように数種類を用意したい。

基本的にはシーバスが一番安心して捕食しやすい水面下1～2mのレンジが釣りやすいが、釣り人が多く集まる激戦区では、数cm刻みのレンジコントロールなど、かなりシビアな攻略が求められる場合もある。一般的に、ナイトゲームでは表層から中層をスローにルアーを通し、ルアーを派手に動かすことは少ない。逆にデイゲームでは、表層からボトムまでを広くアピール重視で探りたい。最近の傾向としてルアーは飛距離のでるタイプが有利とされている。

フローティング
リップレスミノー……P32

シンキングミノー
……P36

バイブレーション……P64

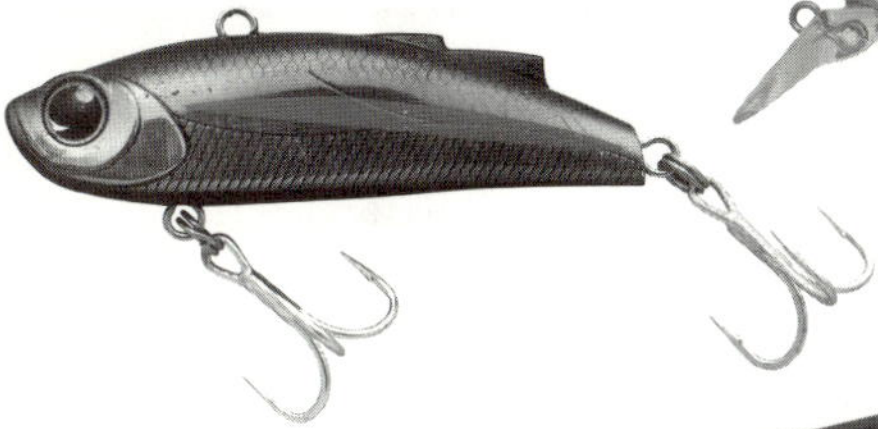

シンキングペンシル・
スリムタイプ……P60

スピンテールジグ
……P68

■その他のルアータイプ

フローティングミノー……P26
シャローランニングミノー……P28
スーパーシャローランニングミノー……P30
ジョイントミノー……P34
ヘビーシンキングミノー……P38
サスペンドミノー……P40
フローティングシャッド……P42
シンキングシャッド……P44
ロングビルシャッド……P46
ポッパー……P50
フローティングペンシル……P52
ペンシルポッパー……P54
シンキングペンシル・シャローレンジタイプ……P56
シンキングペンシル・ミドルレンジタイプ……P58
バイブレーション・スリムタイプ……P66
メタルジグ・キャスティングタイプ……P70
メタルジグ・ジギングタイプ……P72
ビッグベイト……P74
シャッドテールワーム……P76
ストレートワーム……P78

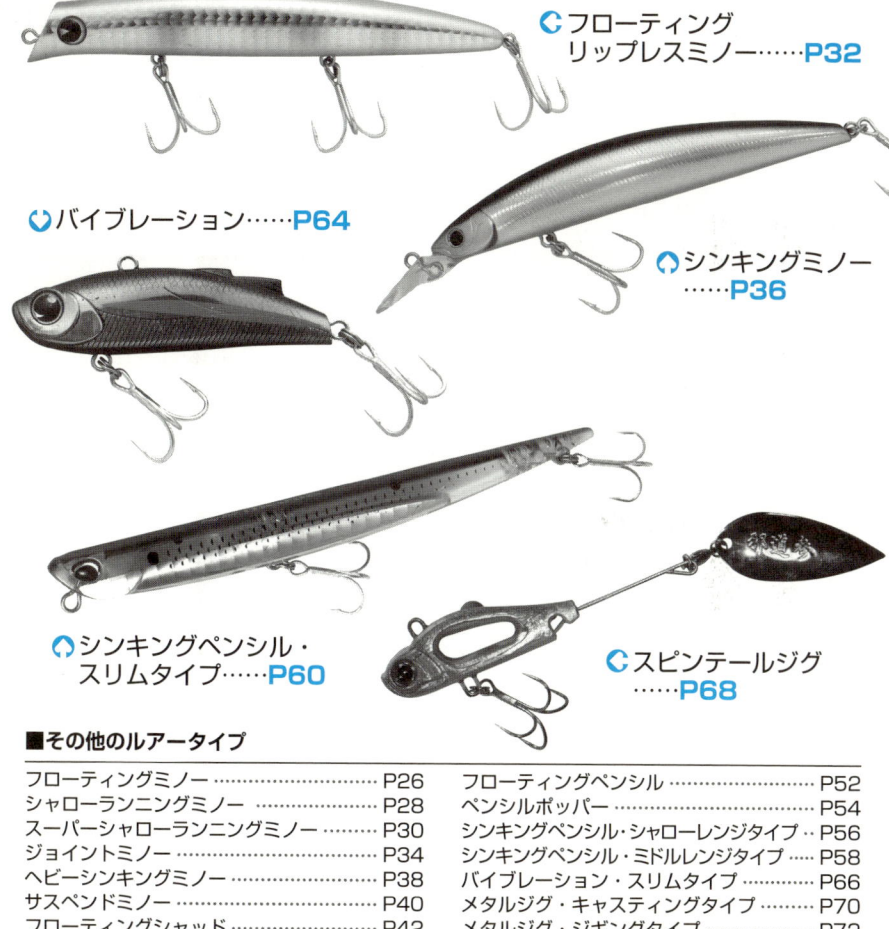

メバル

産卵後の体力回復期になるとミノーの出番。積極的にルアーを追うようになる

手軽にねらえるライトソルトゲームの代表的な魚で、北海道から九州まで広く分布している。体長20㎝くらいの個体が多いが、なかには40㎝に達するものもいる。釣り人の間では30㎝を超えるサイズを尺メバルと呼び、大型の目安としている。

　メバルは海岸近くの海藻が多い岩礁帯に群れをなして生息しており、このエリアでエサが運ばれてくるのを待って定位している。一番釣りやすい時間帯は夕暮れから夜。漁港や堤防など、比較的足場のよいエリアでも充分釣れるので、入門者にももってこい。特に、近くに藻場があれば文句なしである。

　釣りの旬は晩秋〜春。水温低下とともに接岸するベイトフィッシュの動向に合わせるようにメバルも接岸する。小さなサイズでもスリリングなファイトが楽しめるのもメバルフィッシングの魅力だ。

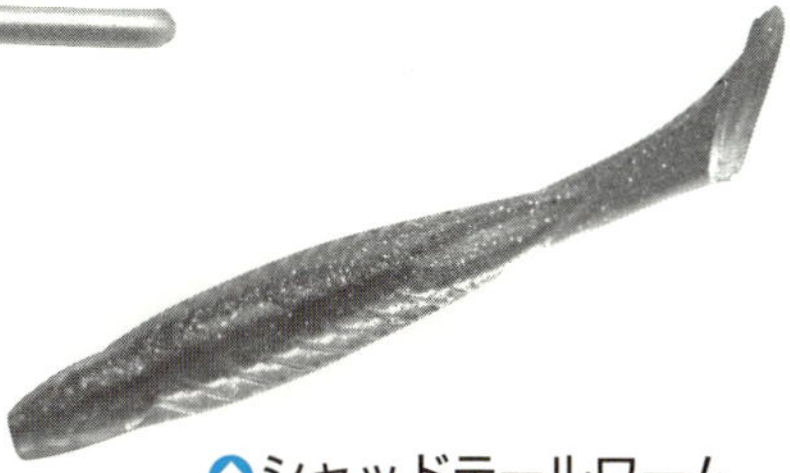

餌木にトリプルフックを装着したルアーもある

One Point Advice!

　メバルはカサゴやソイなどとは違い、底に定位するだけではなく、ベイトフィッシュを積極的に追って泳ぎ回る習性もある。また、群れをなして行動することから数釣りも期待できるターゲット。

　動くものに反応することからも分かるように、中層をねらうのがセオリーだ。特にメバルが好むタナを見つけて、そのレンジを長く引くというのが定番の釣り方。そのため一定のレンジを引き続けやすいジグヘッドワームの出番が多い。また、産卵後は小魚などを追い回し、広範囲を動き回ることもあり、こういう場合にはミノーやバイブレーションなどで手返しよく探っていくとよいだろう。

　近年ではメバル専用と謳(うた)ったルアーが数多く市販されている。それらの中からルアーを選べば間違いない。

■その他のルアータイプ

フローティングミノー …………………… P26	ペンシルポッパー …………………………… P54
フローティングリップレスミノー ………… P32	シンキングペンシル・シャローレンジタイプ ‥ P56
ヘビーシンキングミノー ………………… P38	シンキングペンシル・ミドルレンジタイプ … P58
サスペンドミノー ………………………… P40	シンキングペンシル・スリムタイプ ……… P60
フローティングシャッド …………………… P42	バイブレーション・スリムタイプ ………… P66
シンキングシャッド ……………………… P44	メタルジグ・ジギングタイプ …………… P72
ロングビルシャッド ……………………… P46	カーリーテールワーム …………………… P80
ポッパー …………………………………… P50	ホッグワーム ……………………………… P82
フローティングペンシル ………………… P52	スプーン …………………………………… P88

ロックフィッシュ
（カサゴ・クロソイ・アイナメetc）

アイナメ

クロソイ

カサゴ

岩礁帯の底近辺に定位する種類のターゲットを、ロックフィッシュ（根魚）と総称して呼んでいる。その中でも、最もポピュラーなのがカサゴ。30㎝くらいまでに成長し、日本近海ならどこにでも生息している。形が似ていることから近縁のメバルと同列に扱われることもあるが、カサゴは底に定位していることが多く、特に日中は岩や消波ブロックなどの陰に隠れている。

　ソイやアイナメも似たような習性で、ルアーでのねらい方は同じとなる。クロソイとアイナメはカサゴよりも大きく40～50㎝になるものもいる。

　釣り期は秋～春がメイン。日中は根周り、夜はその周辺を広く探るといい。似たような釣り方でねらえるターゲットとして、キジハタやタケノコメバル（ベッコウゾイ）などもいる。

シャッドテール
ワーム……P76

カーリーテール
ワーム……P80

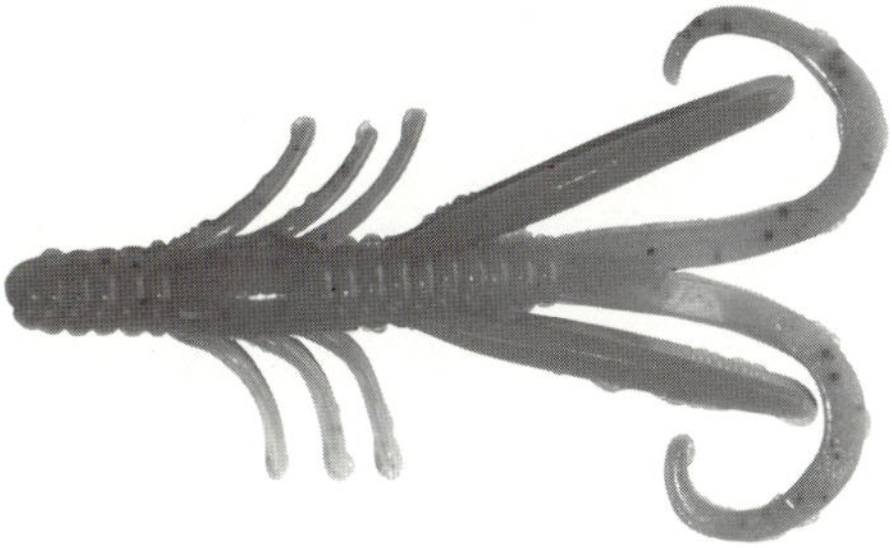

ホッグワーム……P82

フックとシンカーは数種類を多めに用意しておきたい。テキサスリグやダウンショットリグが一般的（P86参照）

キジハタ（上）やタケノコメバル（ベッコウゾイ）も同じ釣り方でねらえる

■その他のルアータイプ

メタルジグ・キャスティングタイプ……… P70
メタルジグ・ジギングタイプ……………… P72
ストレートワーム……………………………… P78

One Point Advice!

底や根の周辺を探るため、ルアーはジグヘッドワームがメインとなる。ターゲットによってワームのサイズを変えたり、水深などを考慮してジグヘッドを選択するとよいだろう。

釣り方は、①ルアーを足下に落として着底させ、リフト＆フォールやシェイキングでアピールして岩場や沈み根から引きずり出すパターン。②底に変化があるポイント（根や岩が沈んでいるなど）では、ルアーをキャストして着底させ、アクションをつけながら底を引いていくるパターン。どちらも必ずルアーを着底させること。根掛かりも心配だが、タイトにねらったほうがヒットの確率は高い。多少のロストは覚悟して臨もう。

フラットフィッシュ
（ヒラメ・マゴチ）

ヒラメ

流れ込みがあるサーフは絶好のねらいめ。流れの変化を探って攻略していこう

マゴチ

直訳すると「平らな魚」。本来の意味はカレイ目の総称で、ルアーフィッシングのターゲットとしてはヒラメとマゴチが挙げられる。

ヒラメは春の産卵期と秋の荒食い期に接岸し、沿岸の砂泥地を好むので、サーフなどへの釣行がベスト。カレイとは違い、積極的にベイトを追い回すとまではいえないが、俊敏な動きで小魚などを捕食する。活性の上がる朝・タマヅメや潮変わりのタイミングなどでは、ミノーなどに果敢にアタックしてくる。

同じように砂泥地を好むマゴチは、「照りゴチ」という言葉があるように、気温が上がる梅雨明け以降にショアからねらえる浅場に寄りだし、夏場や日中でも釣れるという面白さがある。ヒラメと違い、それほど動き回る魚ではないので、ジグヘッドワームで底近辺（底から15㎝程度）を丹念に探りたい。ちなみに、マゴチは頭がつぶれたように平らなのでフラットヘッドとも呼ばれる。

One Point Advice!

ヒラメはときに底からルアーに飛びつくようなアタックもするので、表層系のミノーなどから使い始め、徐々にレンジを下げていくとよいだろう。底に軽くぶつかるくらいにリトリーブするのも非常に効果的で、レンジを使い分けられるように水深に合わせたルアーを用意したい。ミノーに反応がないときは、バイブレーションやメタルジグでより沖を探るか、ジグヘッドワームでゆっくりねらうかのいずれかになる。

マゴチは、ジグヘッドワームでのボトムトレースが有効。ボトムギリギリをトレースしたり、リフト＆フォールやストップ＆ゴーなどのアクションを混ぜてもよいが、あくまでボトムギリギリがポイント。水深があったり、流れが速い場合には、バイブレーションやスピンテールジグを使うこともあるので用意しておきたい。

フローティングミノー……P26

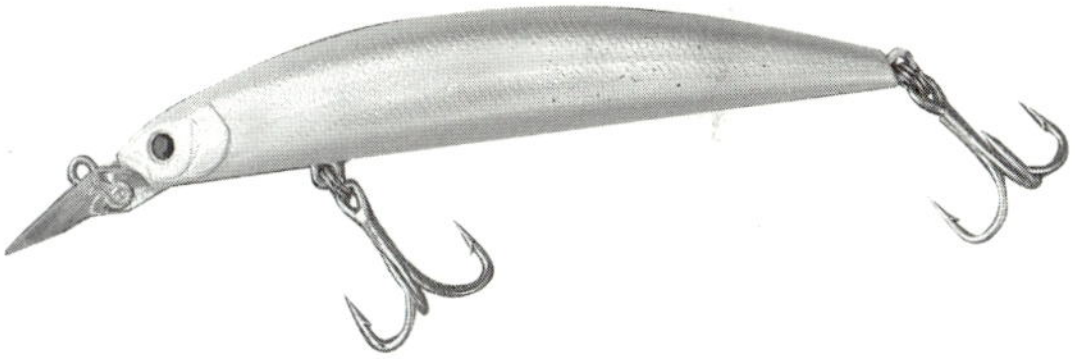

シンキングミノー……P36

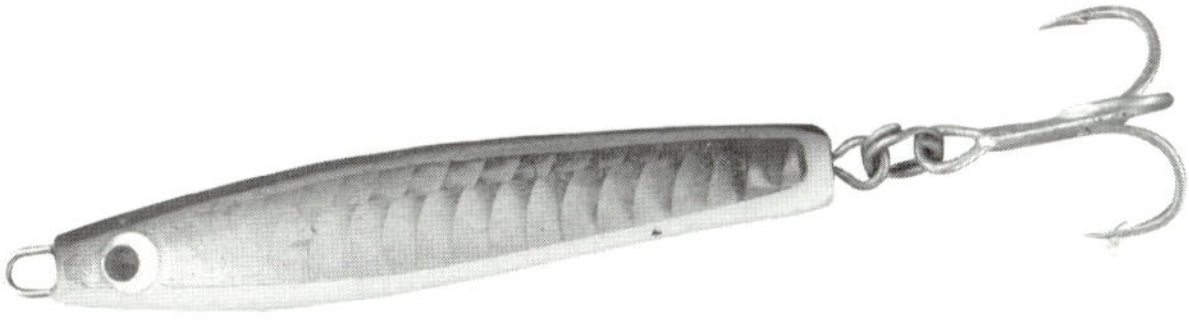

メタルジグ・キャスティングタイプ……P70

シャッドテールワーム……P76

■その他のルアータイプ

シャローランニングミノー……P28
スーパーシャローランニングミノー……P30
フローティングリップレスミノー……P32
ヘビーシンキングミノー……P38
ロングビルシャッド……P46
バイブレーション……P64
バイブレーション・スリムタイプ……P66
スピンテールジグ……P68
メタルジグ・キャスティングタイプ……P70
メタルジグ・ジギングタイプ……P72
カーリーテールワーム……P80
ホッグワーム……P82
スプーン……P88

アジング

（アジ）

日本人なら誰もが知っている、超がつくほど身近な魚、アジ。堤防や漁港でのエサ・サビキ釣りの光景は昔からだが、近年はルアーフィッシングのターゲットとしても脚光を浴び、アジングというひとつのジャンルになっている。

ルアーでねらえるアジはエサ釣りで釣れるアジと同じなので、同じ場所でルアーでも釣れる可能性は高い。

時間帯は夕暮れから夜がねらいめ。アジは光に集まる習性があるので、特に常夜灯がある堤防や漁港などがベストポイントだ。それにプラスして、堤防の先端や凹んだところ、船道の水深がある場所、藻がある場所、スロープなどの条件があると、よりチャンスが広がる。また、アジは群れをなしているので当たれば大釣りのチャンス。群れさえ見つければ、日中でも釣れることもある。

One Point Advice!

アジは潮流や光量の加減で泳層がめまぐるしく変わるので、幅広く泳層を探っていくのがコツ。メインとなるルアーはジグヘッドワームで、通常は底から探りを入れ、少しずつ探るレンジを上げていく。シンカーの種類を重さ違いでいくつか用意しておきたい。

活性があるときはミノーやメタルジグなどでも釣れるし、スプーンでも釣れる。アジは見切りが早いのか、同じルアーばかり投げているとスレてしまう。種類の違うルアーやワームのカラーなどを豊富にそろえておくとよいだろう。

ルアーの使い方としては、ただ巻きでも充分釣れるが、アクションを混ぜてフォールで食わせたり、ロッドを軽く上下させてフワフワと泳がせたりするのも効果的だ。

フローティングミノー……P26

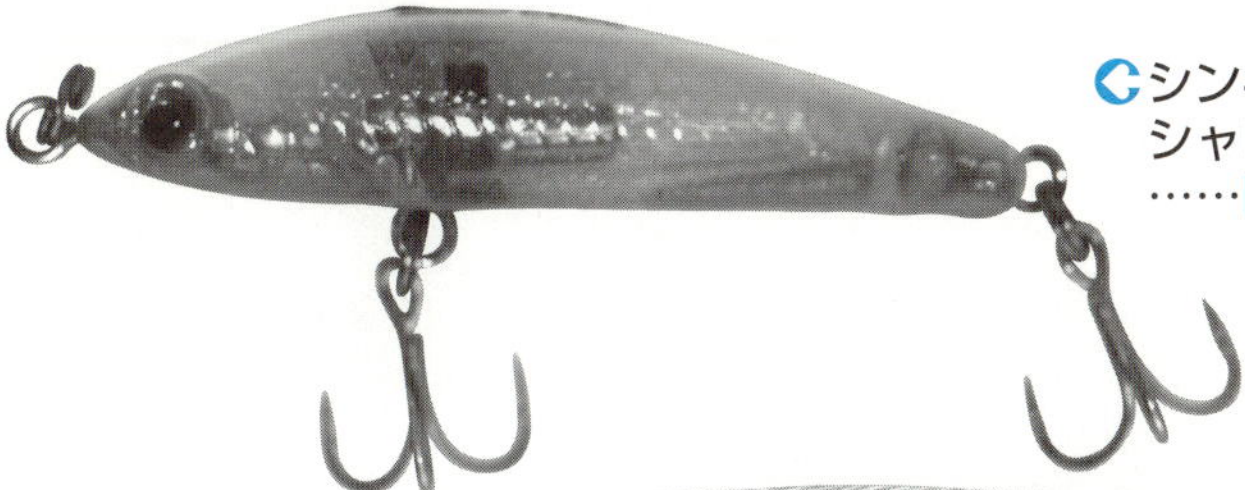

シンキングペンシル・シャローレンジタイプ……P56

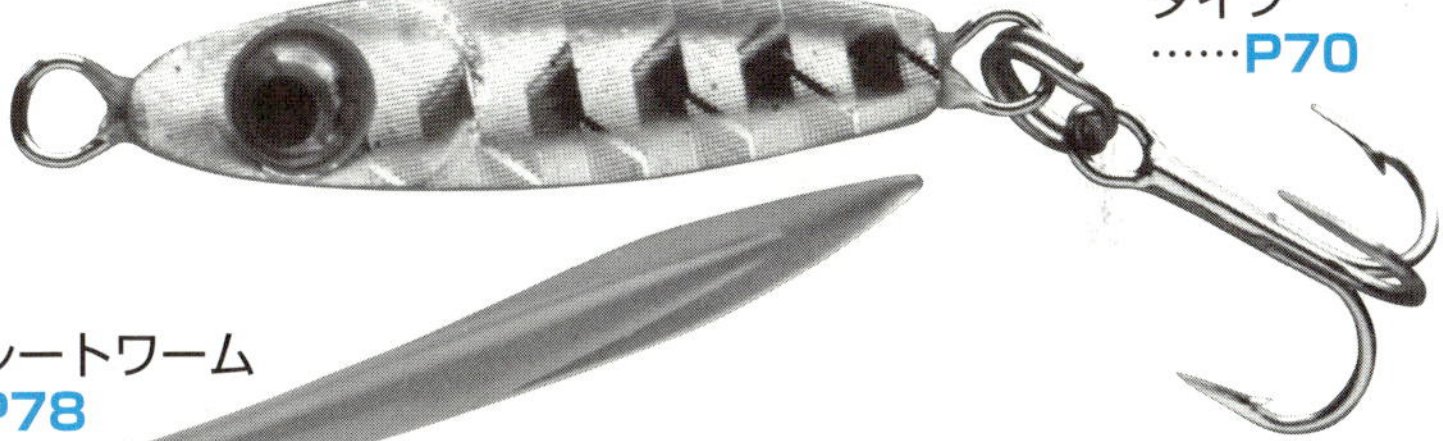

メタルジグ・キャスティングタイプ……P70

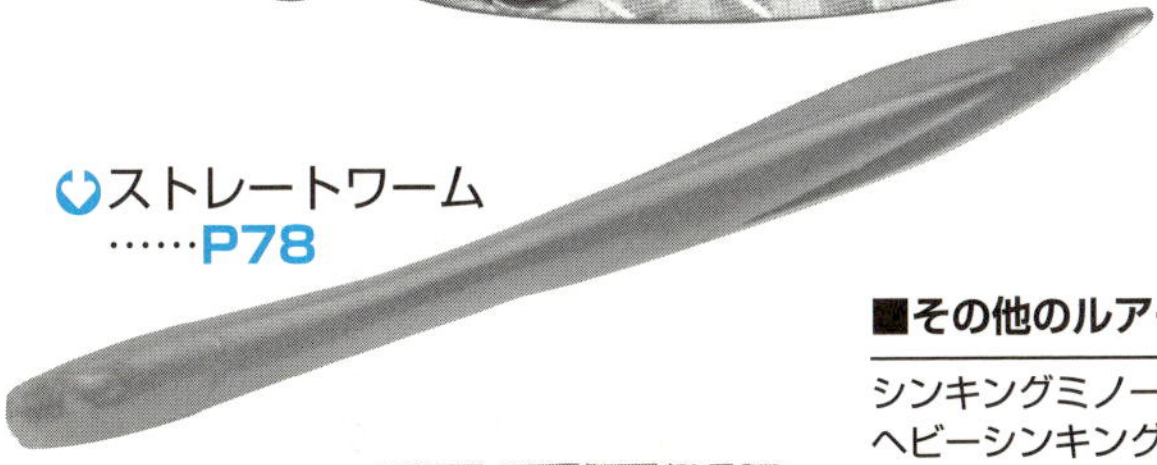

ストレートワーム……P78

アジング専用に開発されたワーム製品も市販されている。これは保存液に入っているタイプ

■その他のルアータイプ

シンキングミノー……P36
ヘビーシンキングミノー……P38
シンキングペンシル・ミドルレンジタイプ‥P58
シンキングペンシル・スリムタイプ……P60
バイブレーション……P64
バイブレーション・スリムタイプ……P66
メタルジグ・ジギングタイプ……P72
シャッドテールワーム……P76
カーリーテールワーム……P80
ホッグワーム……P82
スプーン……P88

クロダイ
（チヌ）

クロダイ

キビレチヌ

日本のほぼ全国の海に広く分布する、よく知られた魚。その名のとおり黒っぽい魚体のタイ。タイ科の大型魚としては珍しく水深50ｍ以浅の沿岸域に生息する。河口の汽水域にもよく進入するため、以前からルアーにヒットすることは知られていた。環境への適応力も高く、港湾部や小河川でも50㎝を超える大型サイズが釣れており、近年人気のターゲットとなっている。

　クロダイは小魚や甲殻類を主に捕食する一方、かなりの雑食性でもあり、スイカで釣れるのは有名。食性が広いことから、ルアーでもさまざまなタイプで釣ることができる。季節は春～秋がねらいめだ。

シンキングペンシル・ミドルレンジタイプ……P58

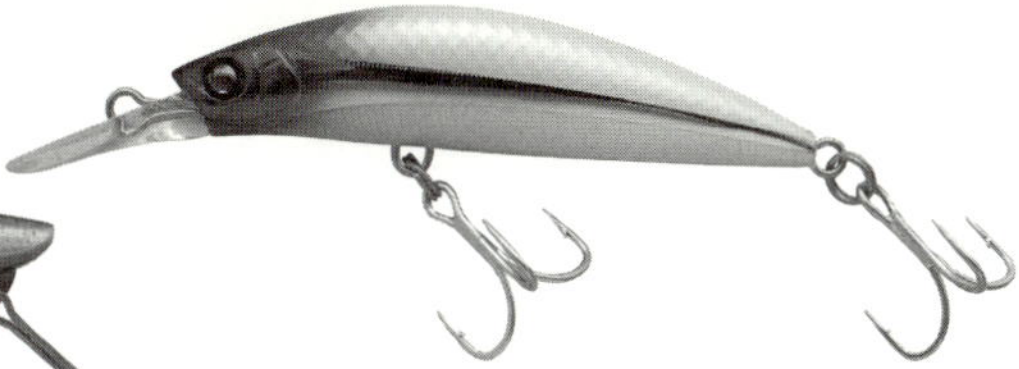

ヘビーシンキングミノー……P38

フローティングペンシル……P52

ポッパー……P50

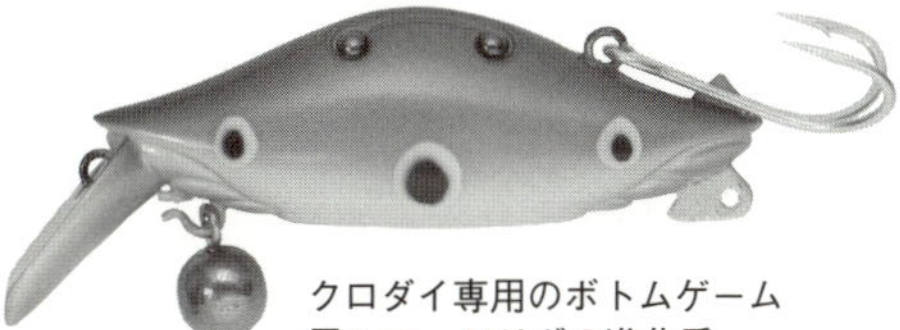

クロダイ専用のボトムゲーム用ルアー Mリグの進化系

バイブレーション……P64

One Point Advice!

食性の広さから、トップウオーター、ミノー、バイブレーション、ワームなど釣れるルアーの幅は広い。

なかでも近年、日中のトップウオーターゲーム（九州の太平洋岸河川、浜名湖などで流行）が成立することが分かると、そのエキサイティングなゲームに火が付き、クロダイ専用のポッパーやペンシルが発売された。底の甲殻類を捕食する習性に合わせて、Mリグと呼ばれるボトムをズル引きできる専用ルアーも開発されている。

河口域などでは、シーバスねらいのアングラーにクロダイがヒットすることもよくあり、シーバスとクロダイの両方を楽しめるチャンスもある。また、西日本などではクロダイ以上にルアーに反応する、尾ビレが黄色いキビレチヌをメインとするところもある。

■その他のルアータイプ

フローティングミノー……P26
シャローランニングミノー……P28
スーパーシャローランニングミノー……P30
フローティングリップレスミノー……P32
ジョイントミノー……P34
シンキングミノー……P36
サスペンドミノー……P40
フローティングシャッド……P42
シンキングシャッド……P44
ペンシルポッパー……P54
シンキングペンシル・シャローレンジタイプ……P56
シンキングペンシル・スリムタイプ……P60
バイブレーション・スリムタイプ……P66
スピンテールジグ……P68
シャッドテールワーム……P76
ストレートワーム……P78
カーリーテールワーム……P80
ホッグワーム……P82
スプーン……P88

タチウオ

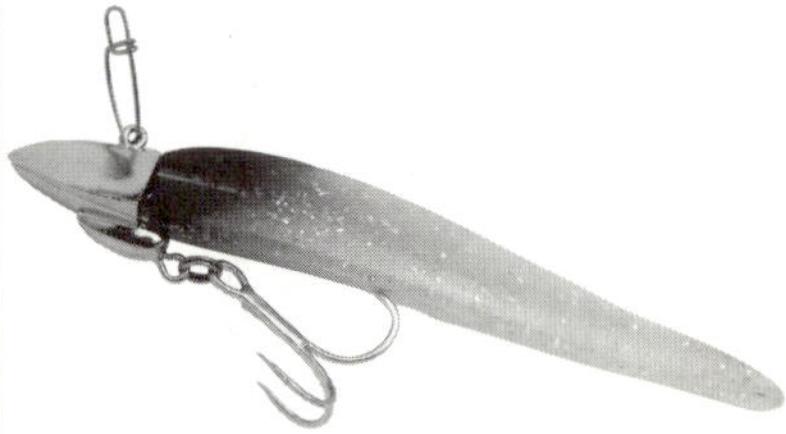

ワインド釣法はかなり有効なのでワインド用ルアーも用意したい

日本近海に分布するタチウオは、沖釣りやルアー船では馴染み深い魚。一方で、ベイトの動向によって大量に接岸することがあり、大阪湾や駿河湾など各地の堤防やサーフからねらえるターゲットとしても知られている。

頭はとがっており、一見してどう猛そうな鋭く発達した歯が目立つ。体は全体に縦に平たく長い。その幅を指の本数で計り、指4本、指5本などといってサイズの目安としている。

夏～晩秋にかけてが一番ねらえる時期で、夏を過ぎる頃から釣れるサイズも大きくなる。朝タマヅメと、ナイトゲームがメイン。

高活性時はルアーにかなりの好反応をみせるが、釣れるレンジの見極めがポイント。タマヅメなどに活性が上がると、タチウオはレンジを上げつつ、横移動する傾向にある。こうなると水深に関係なくヒットレンジが横一線になるので、レンジを的確に釣ることが釣果の差となるのだ。

One Point Advice!

タチウオの群れが遠いときは飛距離の稼げるメタルジグやスピンテールジグなど。レンジが深い場合はバイブレーション。水深が浅い（７m前後）ポイントではミノーとルアーを使い分ける。

サーフなどで多用されるメタルジグはただ巻きでも釣れるが、反応がないときは、ジャカジャカ巻き（P100参照）や、強めのジャークを入れてアピールしてからのジャカジャカ巻きなど、ジャークのパターンに変化を付けるとよい。

また、近年顕著な実績を挙げているのがワインドと呼ばれるワインド専用リグを使った釣法。ワインドとは、ねらうレンジまで沈めたリグを、ロッドアクションで速さのある切れのよいダートで左右に動かすこと。このときに起こる水押しの波動の連続がバイトを呼び込む。

ワインド釣法は、夏場のデイゲームシーバスや青ものにも絶大な効果がある。

バイブレーション……**P64**

シャッドテールワーム……**P76**

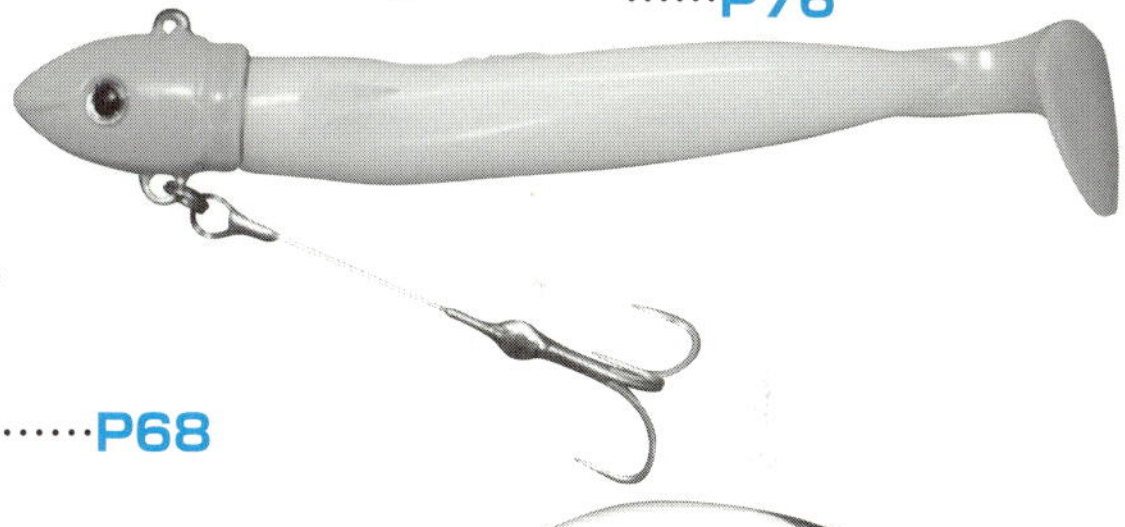

シンキングミノー……**P36**

スピンテールジグ……**P68**

■その他のルアータイプ

シャローランニングミノー …………………… P28
バイブレーション・スリムタイプ ………… P66
カーリーテールワーム ……………………… P80
スプーン ………………………………………… P88

メタルジグ・キャスティングタイプ……**P70**

ショアジギング
（青もの）

ワカシ

ショアジギングは磯だけでなく、堤防、河口、サーフなどでも可能である。

イナダ

ジギングといえば一般的に船でメタルジグを使用する釣りを差す。これに対して、ショアからジギングスタイルで釣りをすることをショアジギングと呼び、近年人気の釣り方でもある。

ショアジギングの魅力は、磯、堤防、河口、サーフなどでメタルジグをキャストし、シャクリ上げてくると、大きな手応えとともにブリやヒラマサ、カンパチなどの青ものが（しかもショアからではねらいにくい大型魚が）釣れることにある。

ポイントや、季節によってはワカシやイナダ、ワラサクラスも釣れるほか、カツオ、マグロ、サワラ、シイラなどがターゲットになることもある。また、ヒラメやマゴチ、マダイ、カサゴ、ソイ、シーバスもヒットする。

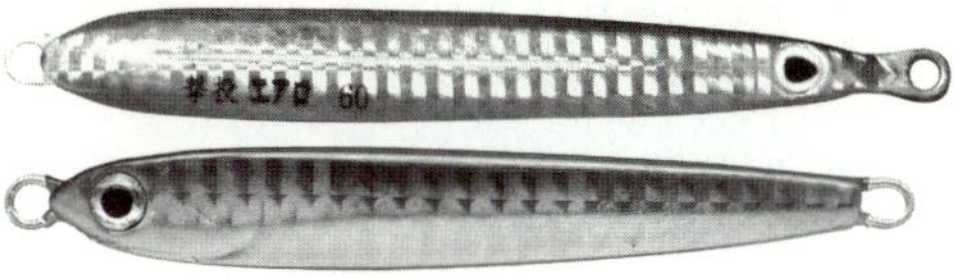

メタルジグ・キャスティングタイプ……P70

メタルジグ・ジギングタイプ……P72

ポッパー……P50

フローティングペンシル……P52

シンキングペンシル・ミドルレンジタイプ……P58

ペンシルポッパー……P54

One Point Advice!

釣り方の名前どおり、メタルジグがメインのルアーとなる。釣り場の水深や潮流の速さ、釣れるターゲットに合わせて20～120gのウエイトを使用する。いずれもジギングの基本となるボトムをとってから巻き上げるのがセオリーだ。

重さだけではなく、ウエイトバランスが違うもの(センター、リア、フロント)を用意して、アピールに変化をつけるのも重要である。

そのほか、青ものがベイトを追って表層近くに浮いているとき(鳥山やナブラが発生している場合)には、ポッパーやフローティングペンシルなどのトップウオータープラグのほか、大型のミノープラグやジグミノー、シンキングペンシルを使うこともある。

■その他のルアータイプ

フローティングミノー……P26
スーパーシャローランニングミノー……P30
フローティングリップレスミノー……P32
シンキングミノー……P36
ヘビーシンキングミノー……P38
シンキングペンシル・シャローレンジタイプ…P56
バイブレーション……P64
スピンテールジグ……P68
ビッグベイト……P74

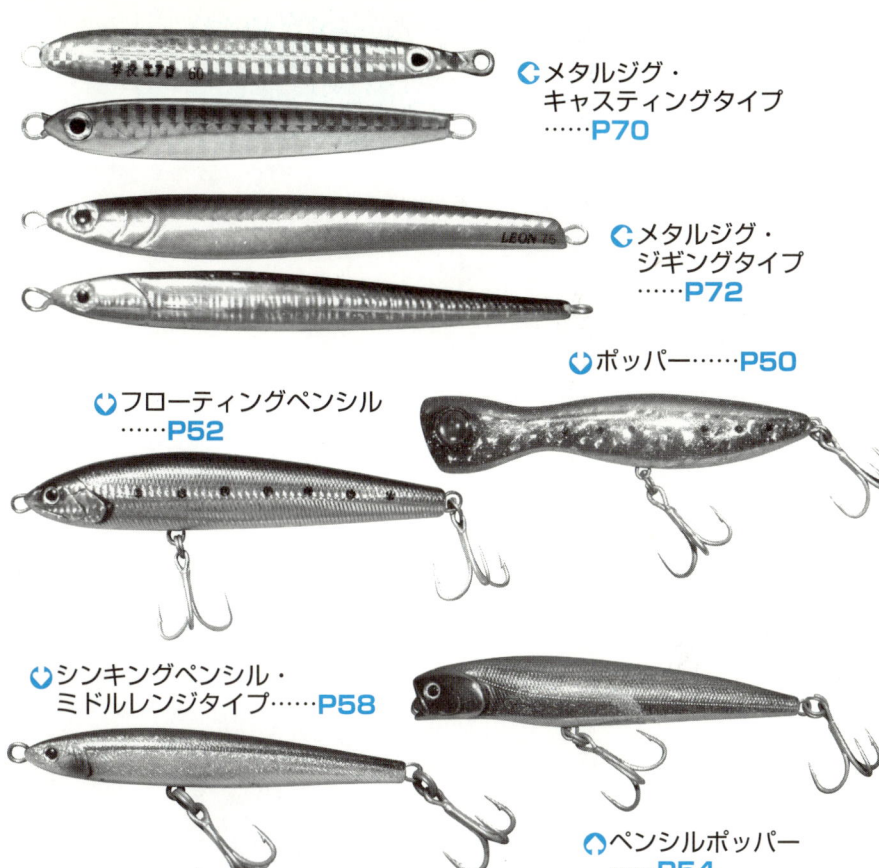

ライトミノーイング
（メッキ・カマス・シマイサキetc）

ここでいうライトミノーイングとは、トラウトやメバルなどのライトタックルでのミノーイングのこと。ターゲットは総じて小型だが、タックルもライトなぶんスリリングなファイトが楽しめる。

ターゲットのひとつ、メッキはギンガメアジや南海にいる50㎏にもなるロウニンアジ、カスミアジの幼魚。体長は10〜30㎝だが、小魚を食べるフィッシュイーターだけあってルアーに猛烈にアタックしてくる。関東から西の太平洋沿岸がメインフィールド。

ポイントは外洋に面した堤防や小磯、河口周辺の漁港、海へ注ぐ小河川、温排水周辺などがねらいめ。同様のポイントでカマスやシマイサキといった魚も釣れる。

小型ターゲットでもライトタックルで挑めばスリリングなゲームが楽しめる

⤴ シンキングミノー……**P36**

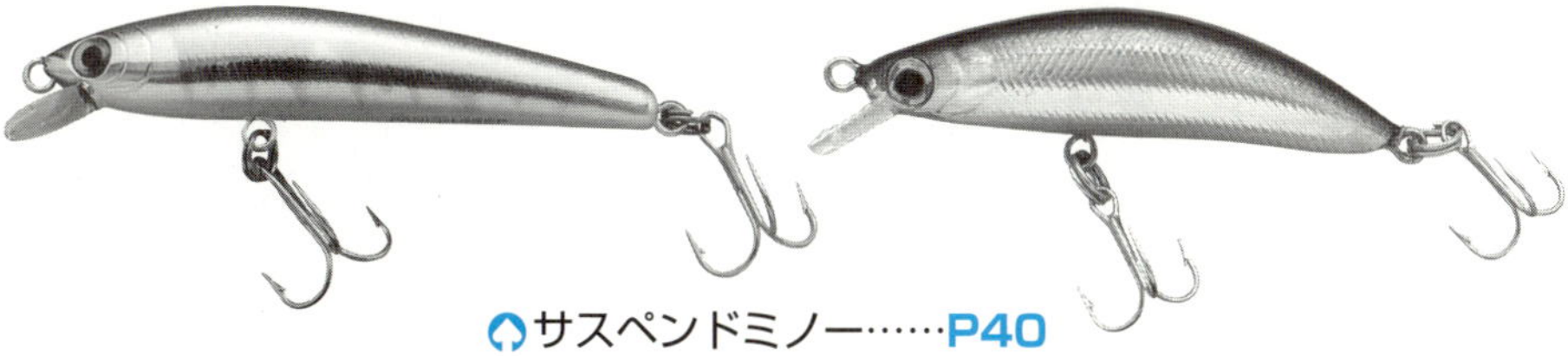

⤴ サスペンドミノー……**P40**

⤵ シンキングペンシル・
シャローレンジタイプ
……**P56**

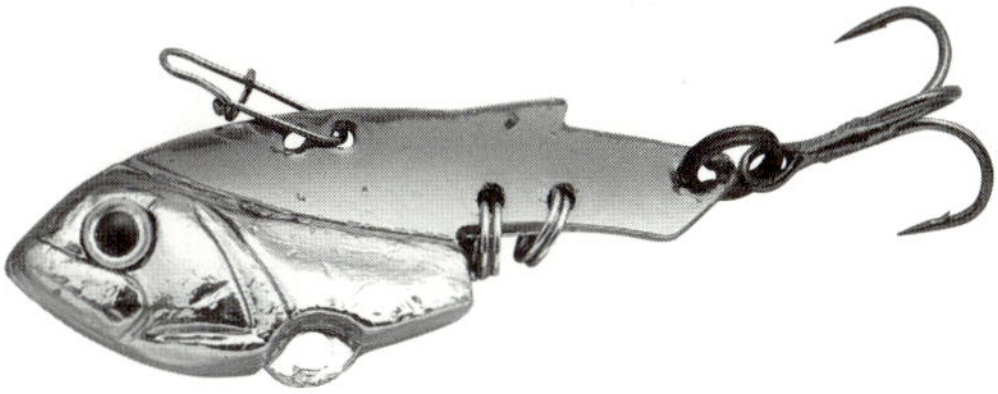

バイブレーション⤴
……**P64**

⤴ シンキングシャッド……**P44**

■その他のルアータイプ

フローティングミノー …………………	P26
ヘビーシンキングミノー ………………	P38
フローティングシャッド ………………	P42
フローティングペンシル ………………	P52
ペンシルポッパー ………………………	P54
シンキングペンシル・シャローレンジタイプ …	P56
シンキングペンシル・スリムタイプ ………	P60
バイブレーション・スリムタイプ …………	P66
メタルジグ・キャスティングタイプ ………	P70
スプーン …………………………………	P88

One Point Advice!

　ターゲットが小さいだけに5cmクラスのルアーを中心に揃えるとよいだろう。フローティングとシンキングのミノーを中心に、橋の明暗部や係留船の際、漁港のスロープや護岸の際などを軽いトゥイッチなどを入れながらチェックしていく。

　フィーディングモードに入って小魚を追っているときなどは、海面が沸騰したように「ボコッ」となるので、ポッパーやフローティングペンシルなどのトップウォータープラグで遊ぶのも面白い。また、海底に潜っているときや風が強い日にはメタルジグが効果的だ。

エギング
（アオリイカetc）

ミノーにバイトしてきたコウイカ

シリヤケイカ

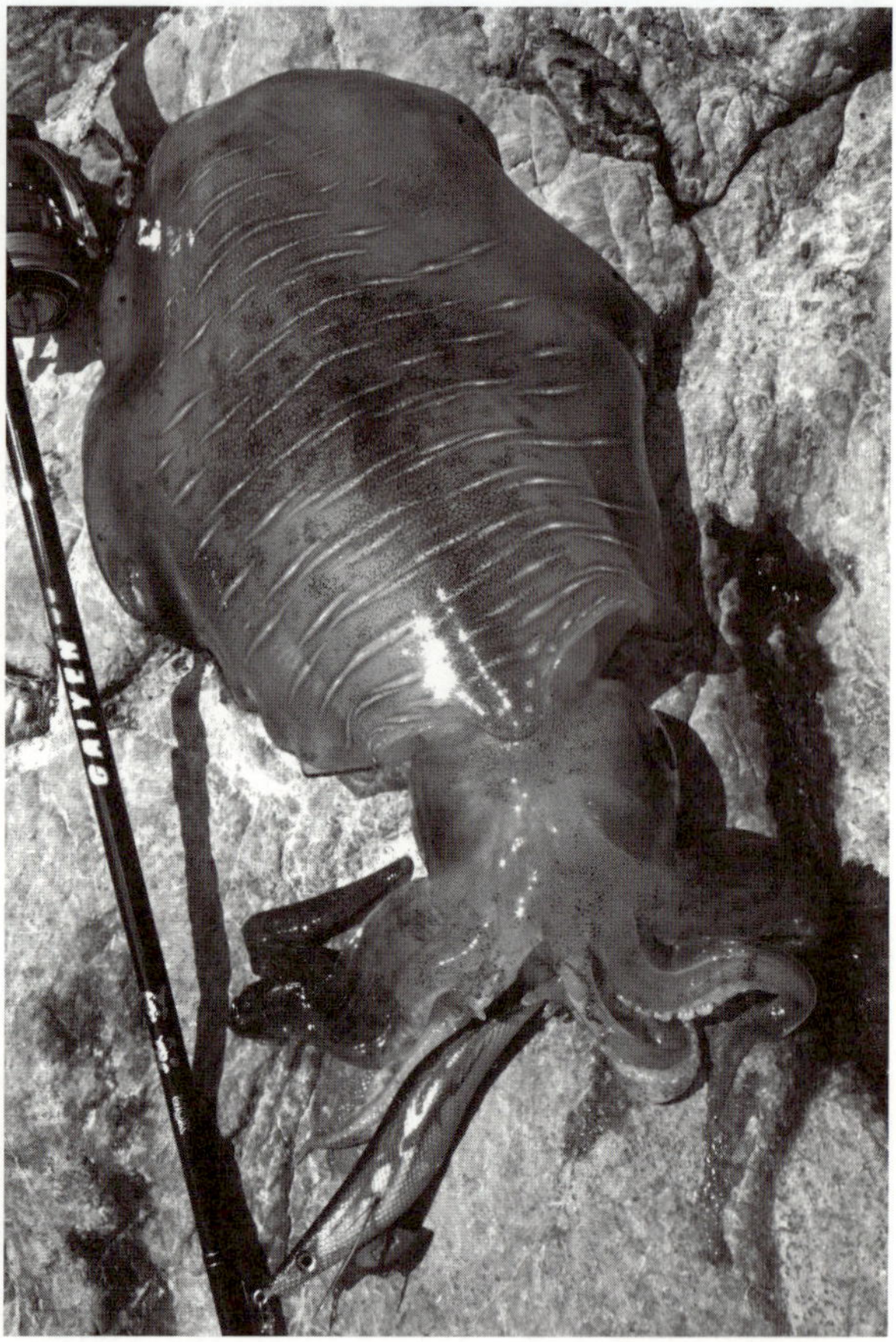

アオリイカ

エギングとは、日本古来のルアー、餌木《エギ》でイカを釣る釣法の現代的な呼称。その代表的なターゲットがアオリイカである。日本沿岸に分布する大型のイカで、釣りの対象としては3kgオーバーもねらえる。

アオリイカは通常は深場に生息するが、春から夏にかけて産卵のために海岸近くの浅場にやってくる。この時期がモンスター級と出会えるチャンス。藻場に産卵するので、漁港の防波堤などの近くにそういったポイントがあれば釣れる確率が高まる。

アオリイカ以外にも、コウイカ（スミイカ）やスルメイカ、ヤリイカなどのイカ類全般、またタコなどもエギングで釣ることができる。

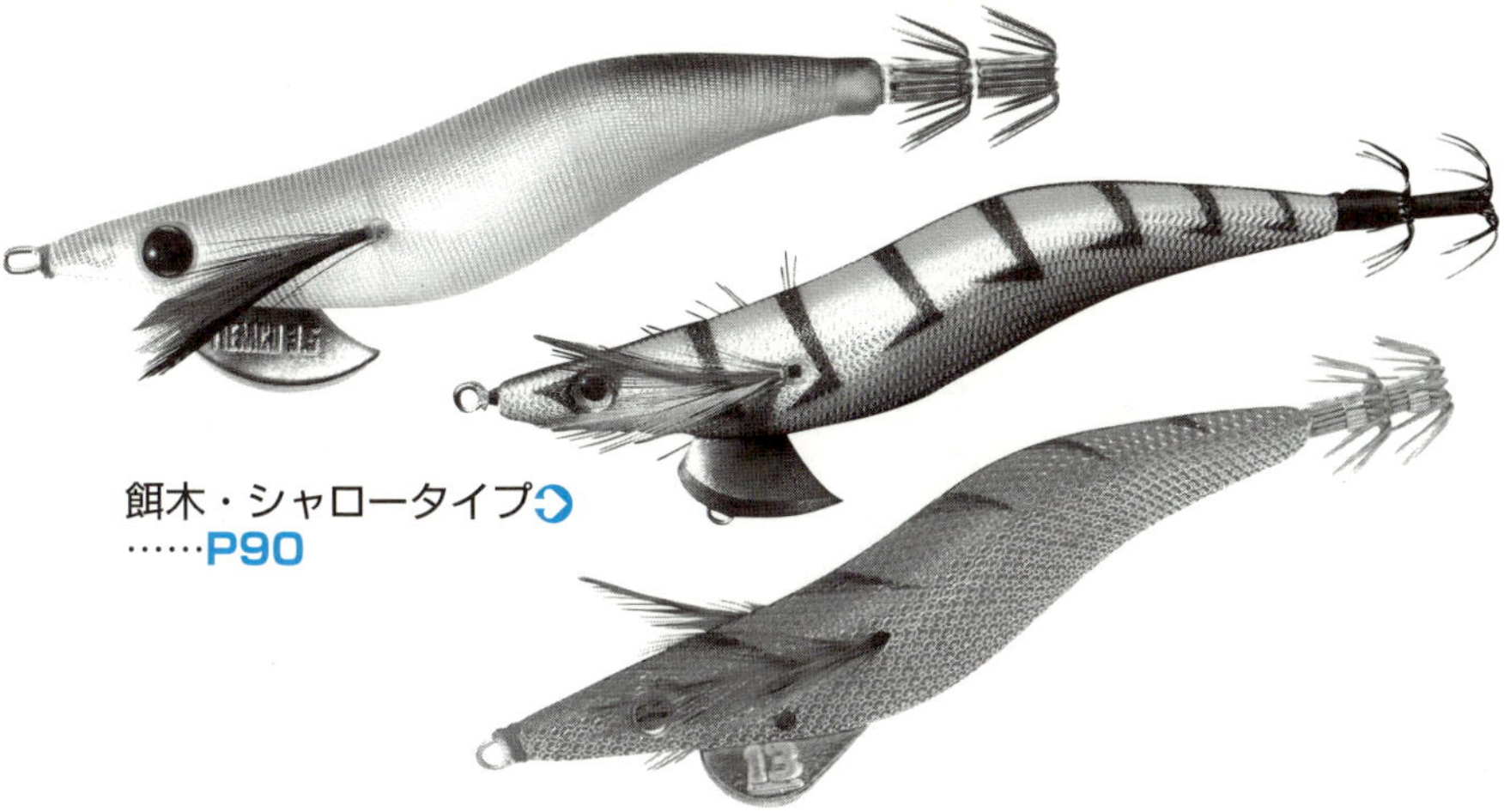

餌木・シャロータイプ
……P90

餌木・ディープタイプ……P92

One Point Advice!

餌木はエビのように反った外観で、木材やプラスティックに金銀マーブルなどのカラーテープを貼り、さらにその上から各色の布を貼り付けているものが多い。カラーテープや布の色は各社さまざまなものがあり、天候や水色によってアピールに違いがあるとされる。ピンクやオレンジといった代表的な色のほか、ある程度バリエーションも揃えておきたい。

餌木の前方にはオモリが付けられ、形状や号数によって沈下姿勢、沈降速度等が変わってくる。後方にはカンナと呼ばれる放射状のハリが付いており、イカが餌木に抱きついたとき、合わせるとこの部分にハリ掛かりする。

釣り方のセオリーは、まず餌木をいったん底に沈める。そこからゆっくり巻いてきたり、シャクリ(P112参照)を入れてアピールさせ、イカを餌木に抱きつかせて釣りあげる。

TARGET ターゲット別／早分かりルアータイプ索引

LURE タイプ別／海ルアーのトリセツ

TECHNIC 操作のトリセツ

装丁 日創
イラスト 廣田雅之
構成 (有)バーブレス
編集協力 浅川和治、芥川 晋

ミノーのレンジイメージ

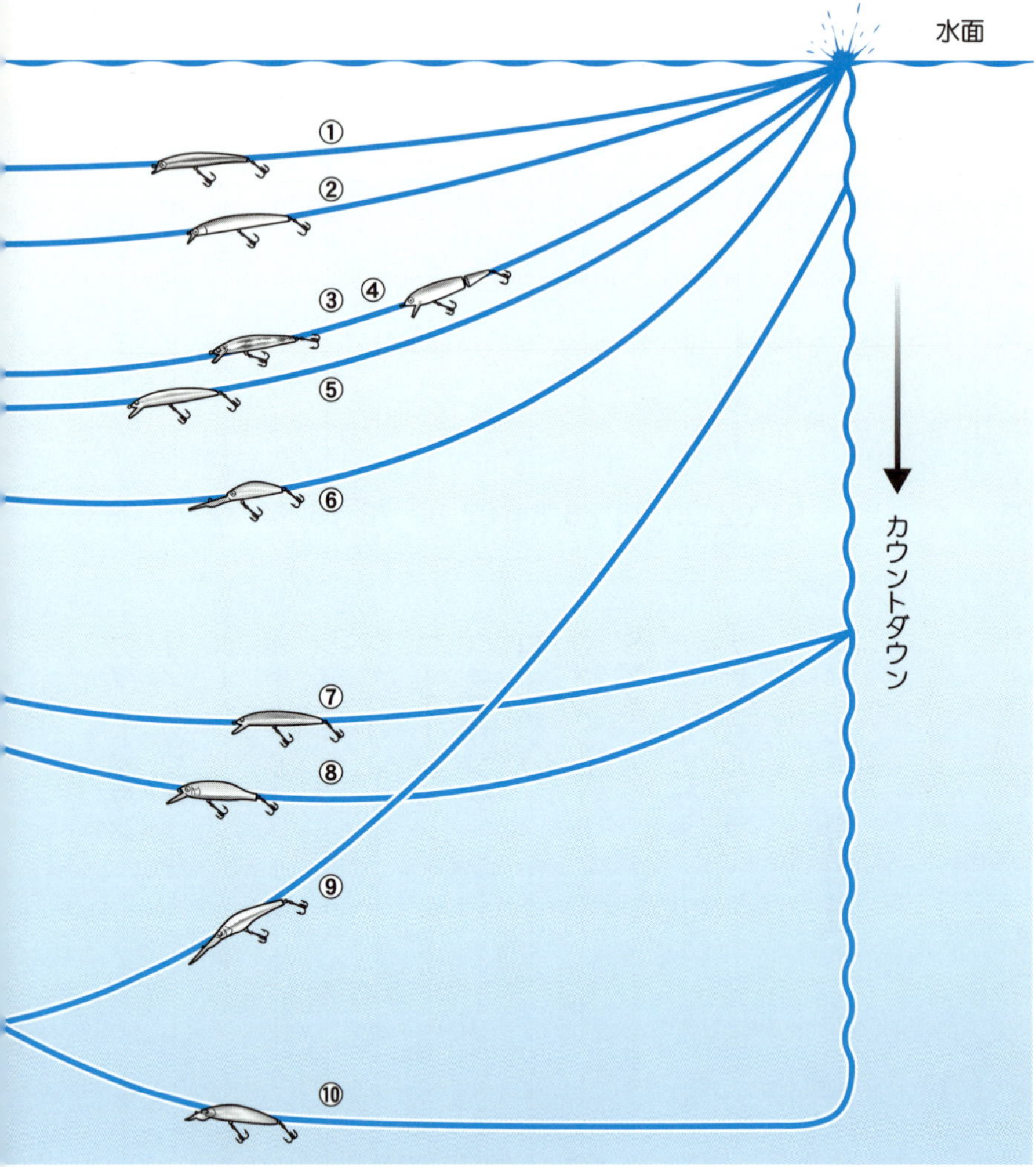

⑥フローティングシャッド　120cm
⑦シンキングミノー　180cm
⑧シンキングシャッド　200cm
⑨ロングビルミノー　265cm
⑩ヘビーシンキングミノー　290cm

ミノータイプのルアーのレンジイメージ

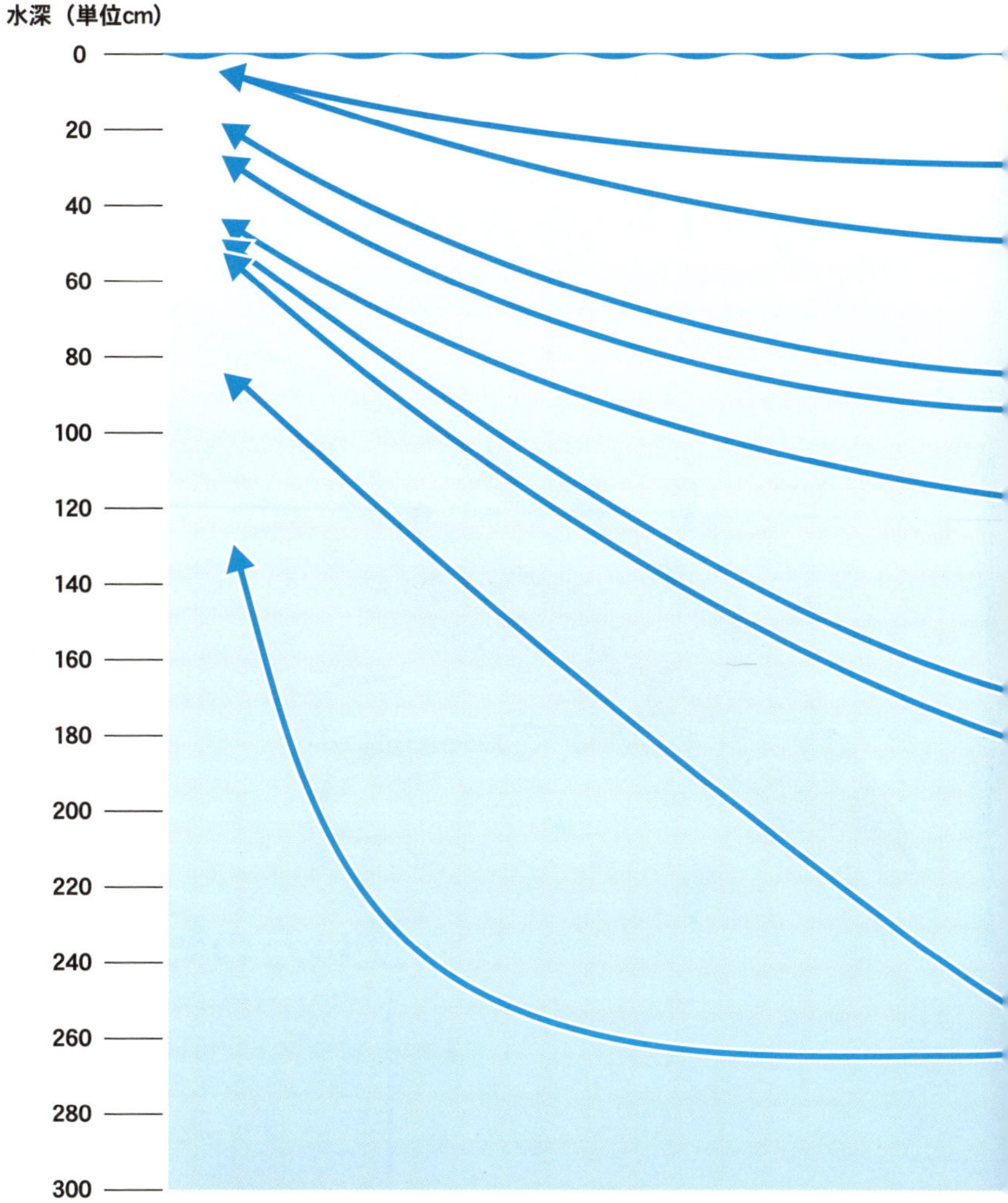

①スーパーシャローランナー　30cm
②シャローランナー　50cm
③フローティングミノー　85cm
④ジョイントミノー　85cm
⑤サスペンドミノー　95cm
※フローティングリップレスミノーは①～②のレンジと同様

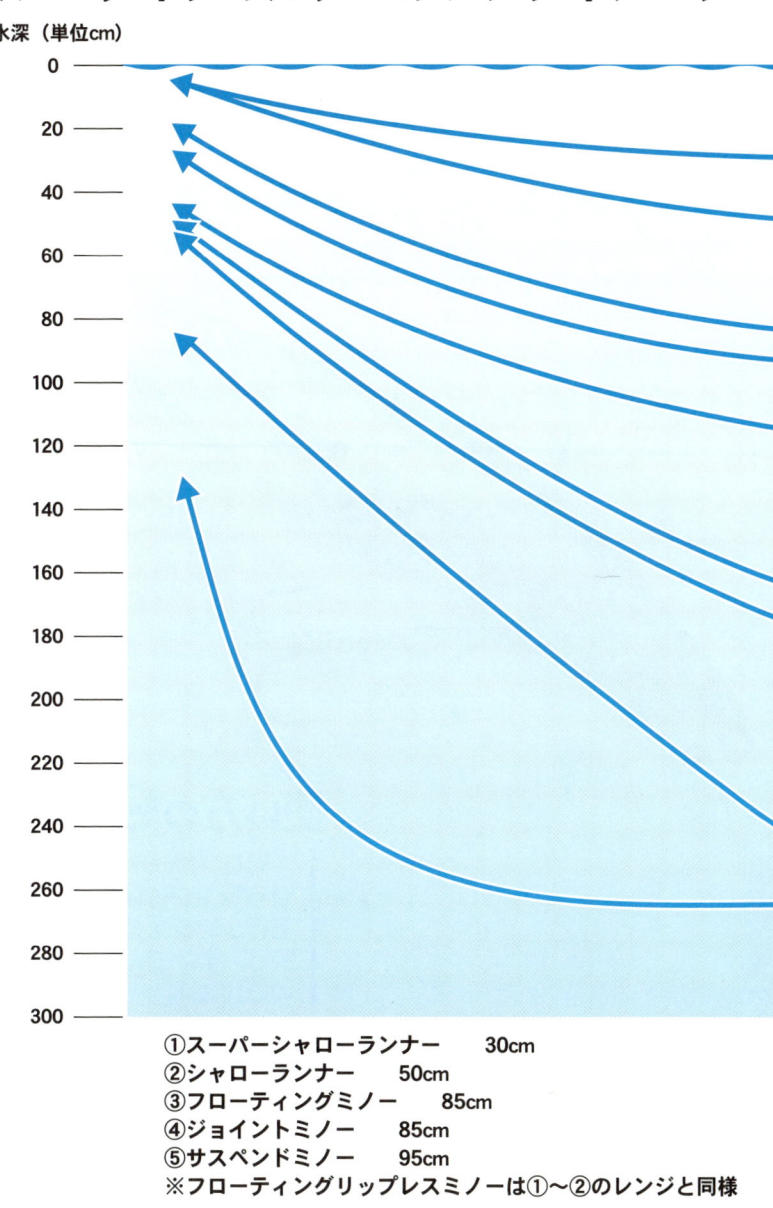

フローティングミノー

使い方の基本

リップにぶつかる水流でアクションしながら泳ぐので、ただ巻きでも充分にアピールして釣れるように作られている。ただ巻きを数投してバイトが得られないときは、ロッド操作によるアクション（トゥイッチやジャーク）を入れたり、リトリーブスピードに変化をつけたりしてアピールと食わせの間を作ってみる。

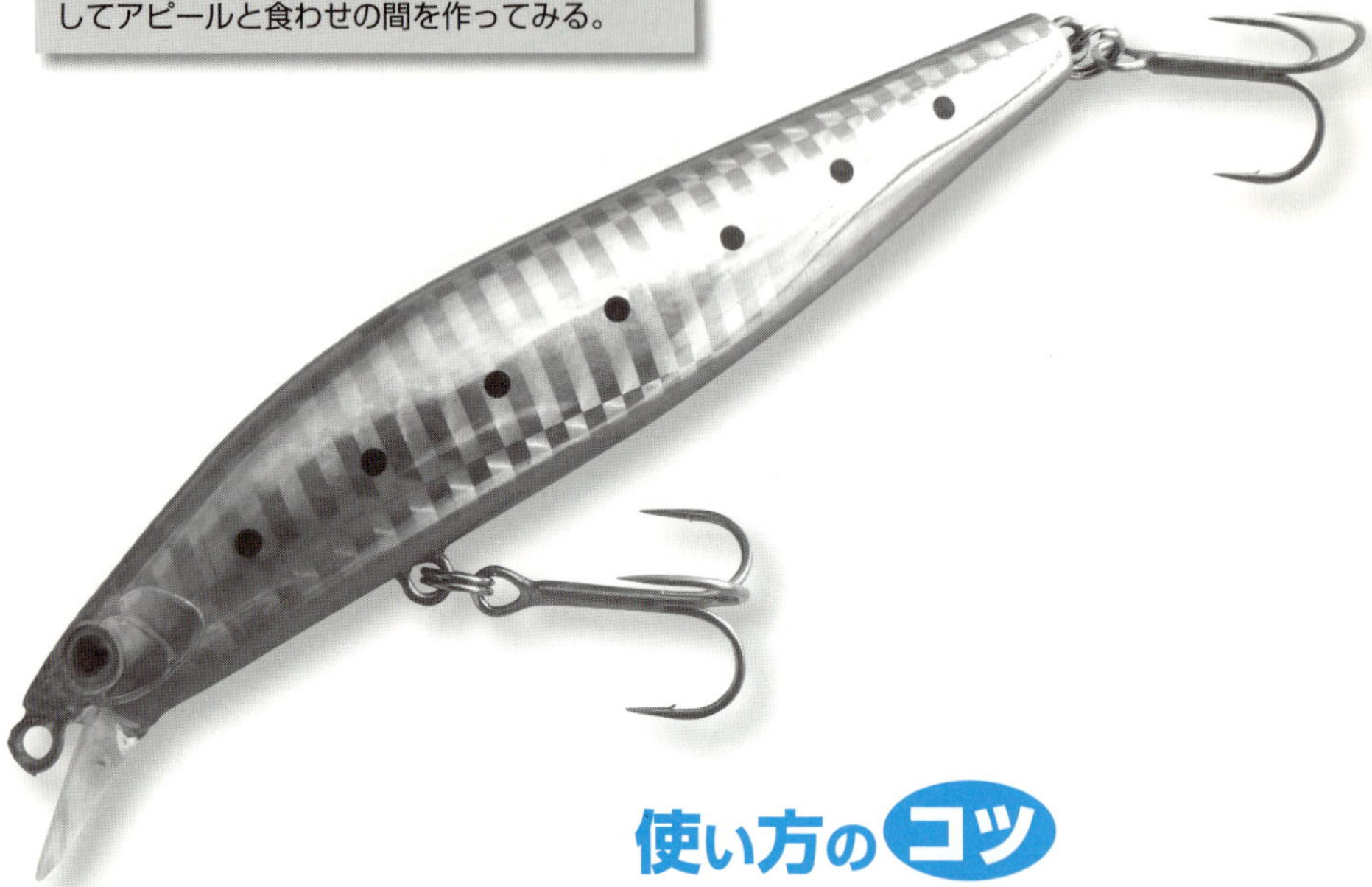

使い方のコツ

同じフローティングミノーでも、個々の潜るレンジには差がある。使うルアーの潜行レンジを把握して使い分けることが肝心。また、巻き始めてから潜るルアーなので、遠めにキャストしないとねらったポイントでそのルアーのレンジを引くことができない。ここぞというポイント（障害物などがある）へダイレクトにキャストするのではなく、それよりも奥へキャストして引いてくることが大切。

MERIT

フローティングミノーのメリットは、ルアーの特徴そのままに浮くことにある。まず根掛かりの心配が少ない。また、ルアーにアクションを加えたあとにフッと浮き上がる性質がバイトチャンスを作ってくれる。比較的浅い一定のレンジを長く引けるのもこのタイプの特徴だ。

■ターゲット別ルアーサイズ表(cm)

シーバス	5〜12
メバル	3〜6
フラットフィッシュ（ヒラメ・マゴチ）	10〜13
アジ	3〜5
クロダイ	5〜10
ショアジギング（青もの）	10〜14
ライトミノーイング（メッキ・カマス・シマイサキ）	3〜5

フローティングミノーとは、言葉どおり基本的には水に浮くルアーだが、リトリーブすることで泳ぎながら潜っていく。潜る深さはリップの大きさ、角度、形により異なるが、おおむね20㎝〜1mのレンジを引くことができる。

シーバスを始め、ほとんどのソルトルアーターゲットに使えることから使用頻度は高い。シンキングミノーと並ぶスタンダードルアーといえるだろう。

フローティングミノーは、ルアーをキャストしてリールを巻き始めると潜り始め、個々に設定されたレンジをキープしながら巻いてくることができる。途中でリーリングを止めると浮いてくるので、一定のスピードで巻いてくるのが基本的な使い方。ベイトフィッシュが浮き気味のときや、水深が浅いポイントなどがフローティングミノーの出番となる。

シャローランニングミノー

使い方の基本

着水からのリトリーブでリップが水をつかみ、浅いレンジでアクションする。アクションはルアーによってロールやウォブリング、ウォブンロールなどさまざまだが、いずれもただ巻きでアクションが得られる。したがってトゥイッチングやジャークなどロッド操作でルアーを動かすよりも、リトリーブ速度の変化で食わせのタイミングを作るほうがよいだろう。

使い方のコツ

河川やサーフなど流れの発生するポイントでは、リップが水抵抗を大きく受けて、イメージするレンジよりもルアーが潜ってしまいがち。シャローランニングミノーは強い流れをつかんでも急激に潜行することはないので、シーバスの好む、流れのあるポイントをじっくりとねらうのに向いている。

MERIT

障害物が多く、根掛かりが多発するポイントでは、浅いレンジをキープするこのタイプのミノーが根掛かり防止に役立つ。必要以上に潜ることなく浅いレンジキープを得意とするので、水面下60㎝くらいまでの浅いレンジをチェックするパイロットルアーとして使える。

■ターゲット別ルアーサイズ表(cm)

シーバス	9～15
フラットフィッシュ (ヒラメ・マゴチ)	9～13
クロダイ	9～12
タチウオ	9～12
ショアジギング (青もの)	12～15

シャローランニングミノーは浅いレンジをキープして泳ぐ。フローティングミノーと同じく、リトリーブするとリップが水を受けて泳ぎながら潜行する。同種のミノーをシャローランナー、もしくはシャローミノーなどと呼ぶこともある。

フローティングミノーと比較するとリップの角度が立っているタイプが多く、20～60㎝の浅いレンジを引くことができる。シーバスなど、水面付近のベイトフィッシュに意識が強い魚に効果があるほか、浅いサーフではマゴチやヒラメなどのフラットフィッシュねらいにも活躍する。

シャローランニングミノーの多くはフローティングタイプで、リトリーブにより徐々に潜りながら泳ぐ。リトリーブ速度を速くすることで深めのレンジを、速度を緩めるとより浅いレンジをキープできる。いずれも一定の速度でリトリーブするステディリトリーブに向いているミノーだ。

スーパーシャローランニングミノー

使い方の基本

深く潜るミノーとは異なり、強いトゥイッチやジャークでは、リップが水をつかみ損ねて水面から飛び出してしまう。スーパーシャローランニングミノーの基本は、ただ巻き。もしもアクションでアピールさせたい場合は、激しくない軽いロッド操作が向いている。サーフからの青ものねらいでは、ロッドアクションなしの速引きが好結果に繋がることもある。

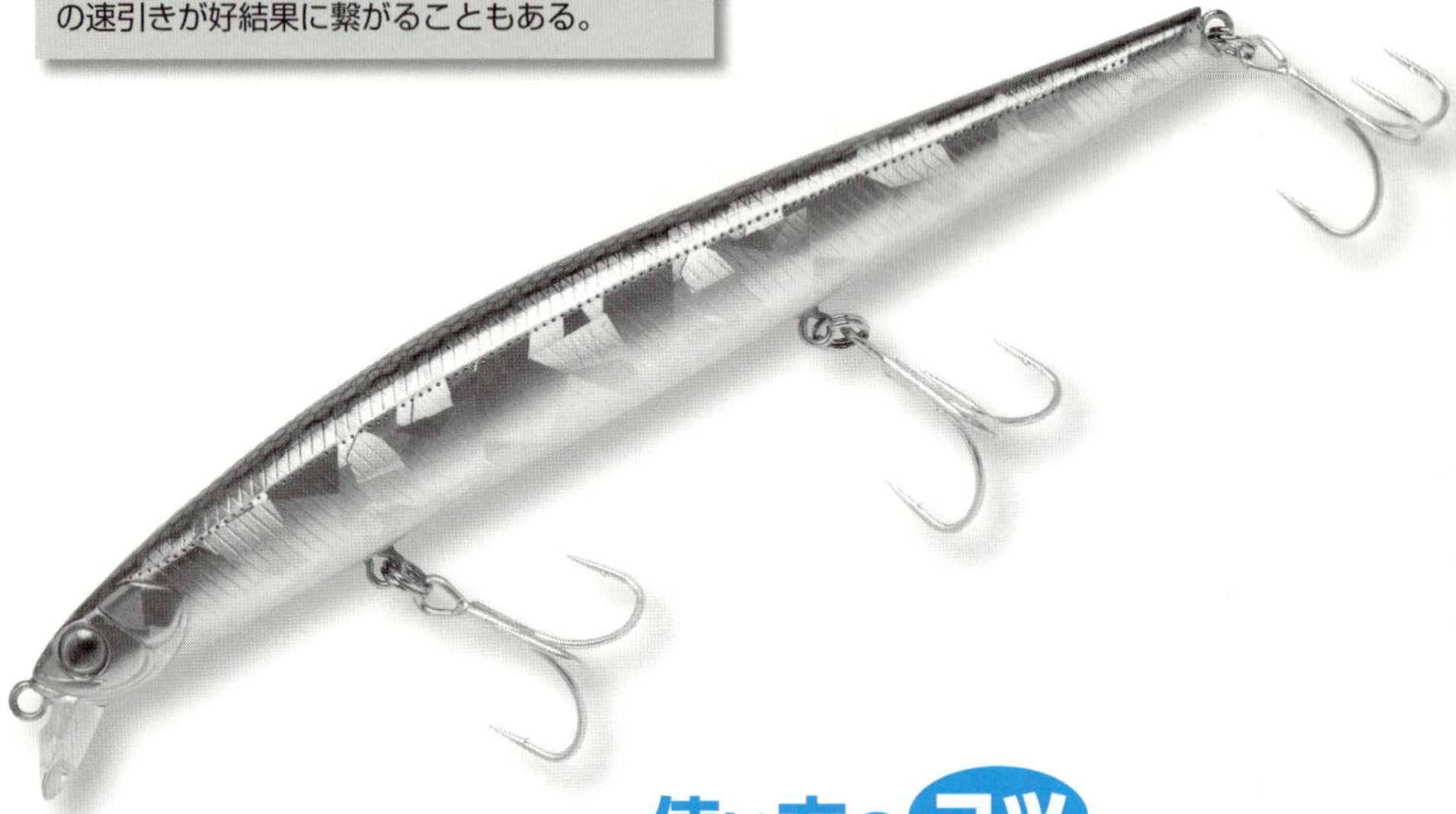

使い方のコツ

極端な浅場ではルアーの着水音に驚いてターゲットが逃げてしまうこともある。そこでまず、着水をソフトにすることを心掛けたい。キャスト後、着水直前にリールのスプールエッジに指を添えてラインの放出速度を和らげるフェザリングというテクニックを使うとよい。フェザリングが難しい場合は、ねらうポイントよりも遠くに着水させてリトリーブすれば、不用意なプレッシャーを与えずにすむ。

MERIT

極端に浅いレンジ設定のため用途は限られてくるが、たとえば水深が40cm程度しかないようなエリアでシーバスをねらうケースではその特徴が生きる。夜間は特に、浅場に多く集まるベイトフィッシュを捕食するためにシーバスが入り込み、潜んでいる。しかし水深以上に潜ってしまうルアーではボトムを引きずってしまい、釣りにならない。そこでスーパーシャローランニングミノーの出番となる。

■ターゲット別ルアーサイズ表(cm)

シーバス	9～15
フラットフィッシュ（ヒラメ・マゴチ）	9～13
クロダイ	9～12
ショアジギング（青もの）	12～15

スーパーシャローランニングミノーは、水面直下のレンジを特化してねらうためのミノー。水面下20㎝程度までのレンジをカバーする。スーパーシャローランナーとも呼ばれることもある。タイプとしてはリップ付き形状のもののほか、リップの代わりに斜めになった前頭部が水を受けるリップレスミノーと呼ばれるタイプも存在する。

水面付近のごく浅いレンジをねらいとするので、シーバスをはじめ、サーフからねらえるイナダやワラサなどの青ものにも効果的。水面付近でボイルが散発している状況では、トップウオータープラグとともにローテーションするとよいだろう。

水を受けてスイミングする点は一般的なミノーと変わらないので、非常に浅いポイントや、水面付近まで海草などが生えているポイントでは、ただ巻きでヨタヨタ泳ぐイメージで引くと効果的。

フローティングリップレスミノー

使い方の基本

前頭部で水を受け、ボディーに受け流すことでスイミングするタイプのルアー。前頭部はリップのように潜る能力は少ないので、レンジ変化は少ない設定となる。一定の速度で、前頭部が受ける水流の重さ(引き重り感)を均一に感じるようにただ巻きするとよい。

使い方のコツ

引き重り感は流れの強い場所では重く、弱い場所では軽くなる。リップレスミノーはこの違いがより分かりやすいルアーなので、リトリーブ中に引き重り感が変化したら、そのあたりを集中的にねらってみる。変化＝流速が異なる場所の境目でルアーがイレギュラーな動きをして、それがフィッシュイーターへのよいアピールになるからだ。

MERIT

同じレンジを引けるリップ付きミノーとは、アクションの質が大きく異なる。これを生かして、リップ付きミノーで反応がなければリップレスミノーに替えてみると反応を得られる場合がある。このように使い分けによるメリハリを持たせることができる。

■ターゲット別ルアーサイズ表(cm)

シーバス	7～14
メバル	7～9
フラットフィッシュ (ヒラメ・マゴチ)	10～14
クロダイ	9～12
ショアジギング (青もの)	12～14

ミノーと名前のつくルアーの中では、独立したリップが存在しないタイプ。水受けの前頭部が直線またはカーブ状に斜めカットされた形状をしているのが特徴。シルエットはファットなタイプからスリムなタイプまでさまざまだが、いずれもこの前頭部がリップの役割を果たすことでアクションする。

水受け面の角度や面積の違いがアクションに大きく影響するが、一般的に前頭部の傾斜角度が立っているものは極浅レンジ用、寝ているタイプは浅いレンジを得意とする。リップ付きミノーのシャローランニングミノー、スーパーシャローランニングミノーと同様のレンジをカバーするものが多い中、前頭部がカーブ形状のものは水のつかみがよく、やや深いレンジを探ることができる。

アクションは、形状的な特性としてロール中心のタイプが多いが、その中でも個々のアクションは違う。これを使い分けることで、より多くの状況に対応できるようになる。

使い方の基本

特にテクニックが必要なタイプのルアーではなく、ただ巻きで使えばよい。最初はカウントダウンせずに着水からのリトリーブで表層をねらい、徐々にカウントダウンで深いレンジを探る使い方がベターだ。

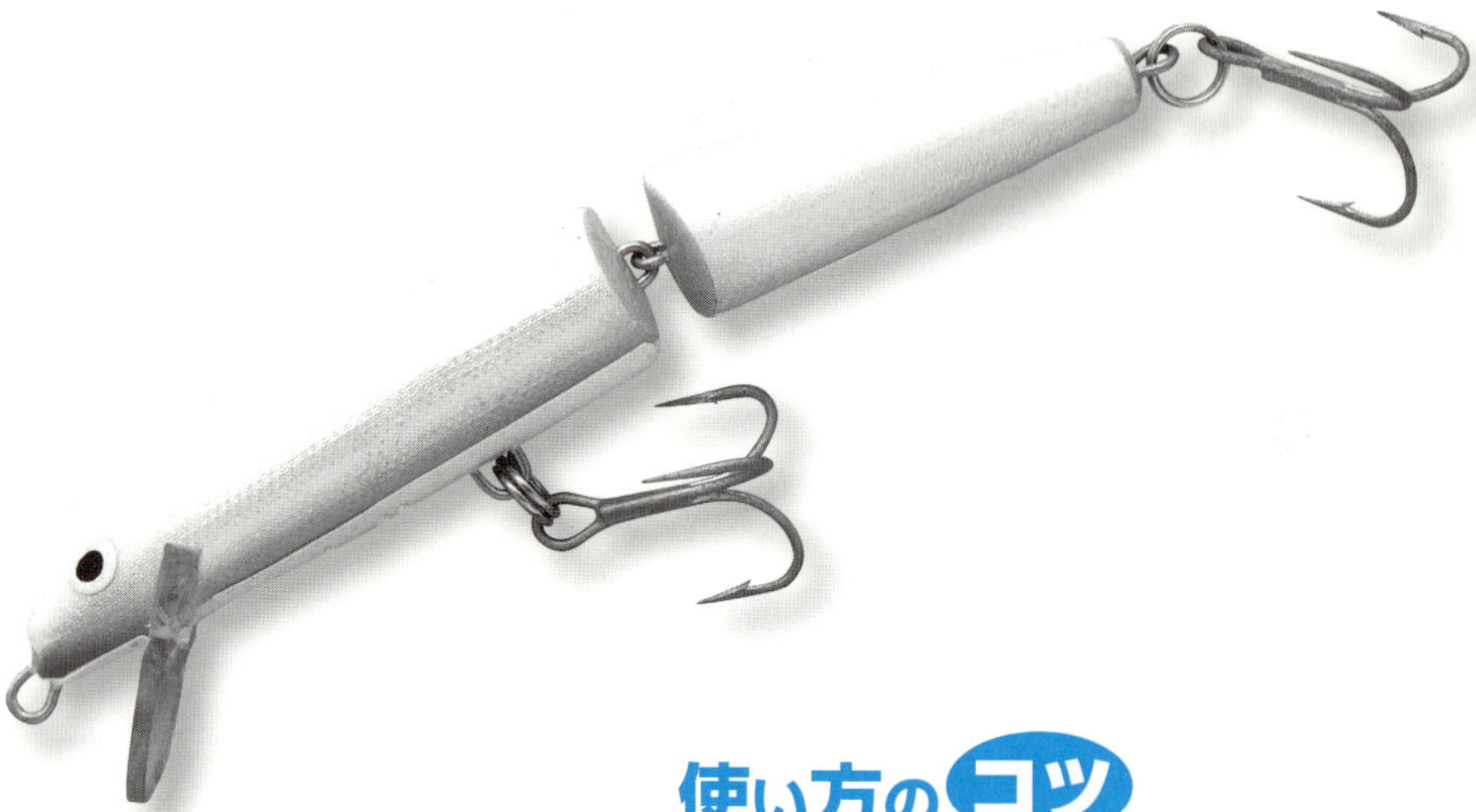

使い方のコツ

あくまでメインのルアーとしてではなく、フローティングミノーやシンキングミノーなどのローテーションの間に混ぜて使うことで、アクションの違いによるバイトチャンスに恵まれることがある。いわゆる、目先を変える使い方が効果的。メインのルアーで数尾釣ったあと、ワンポイント的に投入してもう１尾追加する、などの使い方が可能。

MERIT

ジョイントされていないルアーと比べて自在な動きが最大の魅力。水に絡みつくような、なまめかしいアクションをする。港湾部など、日夜多くのアングラーにねらわれ続けているポイントでは、見慣れたアクションに反応しなくなった魚がアタックしてくることもある。

■ターゲット別ルアーサイズ表（cm）

シーバス	7～10
クロダイ	7～10

ジョイントミノーはボディーが金具で分割・接続されていることから、動きの制約が少ない。フローティングミノーやシンキングミノーなど、1本もののボディーのミノーよりも水に絡みつくように泳ぐ。

ボディーの分割数は2～3が大半（4分割もある）。ソルトウオーターゲームで使用されるタイプも2～3分割型が主流となる。これはキャスト時のトラブルや飛距離の低下を避ける理由からでもある。

ジョイントミノーにはフローティング、シンキングタイプのいずれもあるが、飛行性能には長けていないので、シンキングタイプが現在の主流となりつつあるようだ。

水中ではリトリーブにより、リップの有無にかかわらず、ジョイントされたボディーが左右に揺れてアピールする。ジョイントの方法によっては左右上下に可動するタイプもあり、これが非常に効果的となる場合もある。

シンキングミノー

使い方の基本

シンキングミノーは、カウントダウン後、ただ巻きでも充分にアピールして釣れるように設計されている。ロッド操作によるアクション（トゥイッチやジャーク）でヒラを打つベイトフィッシュを真似したり、サイドフラッシュ（アクションにより側面に光を反射させる）の連続で誘うとよい。

使い方のコツ

シンキングミノーのレンジキープ能力は、浮き上がりやすいタイプ、浮き上がりにくいタイプなどルアーごとにさまざまだ。浮き上がりやすいものはステディスローリトリーブ（ただ巻き）で使うことで、ねらったレンジをキープする。

浮き上がりにくいものは、トゥイッチなどのアクションを入れても中層をキープし、速めのステディリトリーブでもトレースするレンジを大きく外れることなく使える。

MERIT

シンキングミノーは水中の幅広いレンジ攻略はもちろん、同一サイズのフローティングミノーと比べて重さがあるので、長い飛距離で遠くのポイントにも届く。レンジキープ能力にも優れ、潮の速いポイントや磯のサラシなどでも安定したレンジをねらえる。

■ターゲット別ルアーサイズ表(cm)

シーバス	5〜12
メバル	3〜6
フラットフィッシュ（ヒラメ・マゴチ）	10〜13
アジ	3〜5
クロダイ	5〜10
タチウオ	5〜10
ショアジギング（青もの）	10〜14
ライトミノーイング（メッキ・カマス・シマイサキ）	3〜5
ヒラスズキ	12〜15

シンキングミノーとは文字どおり水に沈むミノーで、キャストしてリトリーブをしなければ沈んでいく。この特徴を生かして沈む時間を計算することにより(カウントダウン)、幅広いレンジをねらうことが可能になる。ターゲットについても同様で、シーバスをはじめ、港湾部ではメバルやロックフィッシュ、メッキやカマスなどにもアピールする汎用性の高いスタンダードなミノーだ。

ルアーの沈む時間をカウントして、任意の水深で巻き始めるカウントダウンは、港湾部などのストラクチャーねらいでは多用するテクニック。おおよそ30㎝〜1・5mまで探ることができる。カウントダウンで沈む途中にもバイトがあるので、フォール時のラインやロッドティップにも注意を注いでおこう。

ヘビーシンキングミノー

使い方の基本

着水したら、ねらいのレンジもしくはボトムまで沈めてステディリトリーブやジャークを交えたリトリーブで誘う。足元に近づくにつれてルアーは水面方向へ引っ張られるので、足元の深みを探る場合はリトリーブ速度を緩めること。

使い方のコツ

基本となるステディリトリーブや、ジャークでバイトが得られないようなときは、ロッドを立てたジャークで、水面方向へミノーを一気に泳がせたあとラインを緩めると、フラフラとフォール（沈む）する。このフォールがバイトを誘うこともあるので試してみよう。

MERIT

ヘビーシンキングミノーの魅力は、なんといっても深いレンジまで到達する速さと、ボトム付近でミノーのアクションでターゲットをねらえることだろう。ミドルレンジより深いレンジを探りたいときにこのルアーを持っていると重要な選択肢になる。

■ターゲット別ルアーサイズ表（cm）

シーバス	5～9
メバル	3～6
フラットフィッシュ（ヒラメ・マゴチ）	7～9
アジ	3～5
クロダイ	5～9
ショアジギング（青もの）	7～9
ライトミノーイング（メッキ・カマス・シマイサキ）	3～5

ヘビーシンキングミノーとは、シンキングミノーよりも格段に重いタイプのミノーを差す。あまり大型のミノーよりも、5～9㎝程度の小型ミノーに多く見られ、より沈む性能に長けている。シーバスに使われるものでは、9㎝前後で20～30gというものまである。

着水直後は一気に沈むので、あまり浅いポイントでは根掛かりしやすく、注意が必要。そのぶんほかのミノーでは届かない港の出入り口に掘られた船道や、急深なサーフのカケアガリに潜むターゲットには威力を発揮する。

重いルアーなので、ゆっくりリトリーブするよりもミディアムリトリーブ（P96参照）や、やや速めのリトリーブが向いている。明るい時間帯に、どんな速度で引くと好みのアクションをするか覚えておくとよい。

サスペンドミノー

使い方の基本

比較的、大場所よりも中～小型規模のポイントで、ストラクチャー周辺を丹念に、トゥイッチングを駆使してねらってみよう。ロッドティップを操作して、ミノーが左右にヒラを打つようにアクションさせるのがポイント。

使い方のコツ

サスペンドミノーは、止めても浮きもしないが沈みもしない。そのためリップによる潜行能力が直接レンジを左右する。潜るタイプと、浅いレンジに定位する両タイプのサスペンドミノーを用意すれば、レンジを幅広く探ることができる。

MERIT

フローティングでもシンキングでも真似できない、ストップ＆ゴーなど、アクションの切り替わりにわずかな食わせの間を作れるのがサスペンドミノーのすごいところだ。キレのよいアクションのミノーを使えば、一層この間合いを引き立たせることができる。

■ターゲット別ルアーサイズ表（cm）

シーバス	7～12
メバル	3～6
クロダイ	5～9
ライトミノーイング（メッキ・カマス・シマイサキ）	3～5

サスペンドミノーの「サスペンド」は、浮きも沈みもしない中性浮力を意味する。要するに水中で浮遊するのだが、厳密には海水の塩分濃度や水温等で浮力が左右されるので、水中でピタリと止まることは珍しい。たとえば、淡水の湖沼などで使うブラックバスやトラウト用のサスペンドミノーをソルトウオーターで使うと、フローティングとなる。

　それでもソルトウオーター用のサスペンドミノーなら、わずかに浮くか沈むか程度の設定になっているはず。この設定は、トゥイッチングやジャークのときにほんのわずかな瞬間ピタッと止めて食わせるテクニックのためにあるといってもよい。その一瞬に猛然と襲いかかるフィッシュイーターの習性を引き出すのに有効なのだ。

　日頃からアングラーに多くねらわれているポイントでは、サスペンドミノーの効果にかなり期待が持てる。

フローティングシャッド

使い方の基本

リップで水をつかみ、アクションしながら泳ぐのはミノーと同じ。さらに、ロッドアクション（トゥイッチやジャーク）を用いることで、ターゲットに魅力的な、不規則な動きを演出できる。その中から、その日特に反応がよいパターンを探し出すとよい。

使い方のコツ

消波ブロックなどのストラクチャーの際が深いポイントでは、その陰がフィッシュイーターの隠れ家になる。ルアーを消波ブロックと平行に引いたり、川などの流れがある場合には軽く沖にキャストして消波ブロックの前をU字（弧を描くように）にルアーを引いてみるとよい。

MERIT

幅広のボディーは、多くの光を反射してターゲットにアピールする。フローティングなのでゴロタ岩などに根掛かりしても外れやすく、そのぶん扱いやすい。7～9cmサイズが多く、小型のシーバスが多い場合などは数釣りに適したこの"ひと口サイズ"が重宝する。

■ターゲット別ルアーサイズ表(cm)

シーバス	7～9
メバル	3～5
クロダイ	5～9
ライトミノーイング （メッキ・カマス・シマイサキ）	3～5

シャッドタイプのルアーは基本的にはミノーの一種といえるが、顕著な違いは体高の高さにある。最近ではミノーに近いスマートな体型のものも見られるが、ボディー全長に対して3分の1前後の体高のものも珍しくない。淡水のベイトフィッシュでは小ブナやタナゴ、海水ではヒイラギやサッパなどのシルエットに近い。フィッシュイーターがこのようなベイトフィッシュを捕食しているときこそ、シャッドルアーの出番となる。

　これらの中でも浮くタイプのものがフローティングシャッドと呼ばれ、特に港湾部の橋脚や消波ブロックなどのストラクチャー（ポイントとなる障害物）でのシーバスねらいではよく使われる。

　リップはさまざまな長さのものがあり、短いものは浅いレンジ、長いリップは深いレンジをねらえる。ベイトフィッシュの種類に合わせて選択するもよし、ミノーとの使い分けで異なるアクションで誘うもよし、のルアーだ。

シンキングシャッド

使い方の基本

ステディリトリーブ(ただ巻き)でももちろん使えるが、シンキングシャッドはトゥイッチでのアクションが魅力的。ラインを常に張りっぱなしにではなく、適度なスラック(ラインのたるみ)がある状態でロッドアクションすることでダートアクションが生まれる。

使い方のコツ

シンキングミノーのレンジコントロール自体は、トゥイッチを混ぜたリトリーブよりもステディリトリーブのほうが深いレンジを泳いでくれる。特にトゥイッチによるストップ&ゴーを続けていくと、ルアーによってレンジが変わってくる。自分の使うシンキングシャッドのレンジをきちんと把握して、ステディリトリーブの合間に適度な間隔でトゥイッチを入れることが大切。

MERIT

シンキングミノーよりボリュームがあるので、やや重いものが多く、よく飛ぶので遠くのポイントをねらいやすい。幅広ボディーが放つ光は、遠くのターゲットにもアピールするので広範囲を探る場合にも効果的。

■ターゲット別ルアーサイズ表(cm)

シーバス	7～9
メバル	3～5
クロダイ	5～9
ライトミノーイング (メッキ·カマス·シマイサキ)	3～5

体高の高い特徴のシャッドタイプの中で沈むものをシンキングシャッドと呼ぶ。ロッドアクションによるトゥイッチやジャークによるヒラ打ち、ダート(左右へ幅広く不規則に動くアクション)を得意とするルアーで、港湾部では小型ミノーと並んで絶大な効果がある。

沈む速度はさまざまだが、任意のレンジまでカウントダウンしてリトリーブすることで幅広く対応が利く。60㎝～2mまでをねらえるように設計されているものが多い。

また、フローティングシャッドと比べて重いぶん飛距離が出るのもシンキングシャッドの魅力。ストラクチャーねらいではより正確なキャストも容易だ。

シンキングシャッドはデイゲームでも多用される。ルアー側面が光をよく反射してアピールするタイプを選択すると、操作する自分からも反射光でルアーの位置が確認しやすい。

ステディリトリーブ(ただ巻き)でも使えるが、トゥイッチによるストップ&ゴーで逃げ惑うベイトフィッシュを演出するとよいだろう。

ロングビルシャッド

使い方の基本

ロングビルシャッドは、リトリーブの速度によって潜るスピードが変わってくる。リトリーブ開始から最深深度までファストリトリーブ（速巻き）すると到達も早く、スローリトリーブ（遅巻き）だと到達までの時間も遅くなる。この加減を調整したステディリトリーブ（ただ巻き）でねうのが基本だ。

使い方のコツ

事前に手持ちのロングビルシャッドの潜行能力をよく把握しておくことが、ねらいどおりの攻略を実現する第一歩となる。そのうえで実際にリトリーブする速度を重ね合わせてイメージし、ストラクチャーなどの先へキャストしてポイントに来たときドンピシャのレンジを引ければ理想的。

MERIT

長いリップが大きな水抵抗を受けて急激に潜行する特徴から、縦に広いレンジを探れる。リトリーブ中、徐々に浅いレンジへ泳ぐ傾向があるが、足場の高いポイントでは他のミノーよりも立ち位置の足元まで深めのレンジを引くことができる。岸壁際や消波ブロック帯など、目の前が急深なポイントで活躍する。

■ターゲット別ルアーサイズ表(cm)

シーバス	7〜9
メバル	3〜6
フラットフィッシュ （ヒラメ・マゴチ）	7〜9
クロダイ	5〜9

シャッド型プラグ（体高が高い小魚型ルアー）の中でも、長いリップを持つタイプをロングビルシャッドと呼ぶ。フローティング、シンキングなどの種類があり、両方ともこの長いリップに水を受けて、リトリーブすることで潜っていくのが特徴。

ロングビルシャッドは急激に潜行する性能を持つものが多く、フローティングの場合、着水直後のリトリーブですぐに1・5〜2mのレンジに到達する。シンキングタイプのロングビルシャッドはカウントダウンで沈めてリトリーブすることで、さらに深いレンジをねらうことが可能になる。

サイズは一般的な大型のプラグよりも9㎝以下の小型が多い。ベイエリアの縦に長く延びるマンメイドストラクチャー（人工障害物）にステイするシーバスやクロダイ、大型メバルなどのターゲットをねらう場合に威力を発揮する。

トップウオーターのアクションイメージ

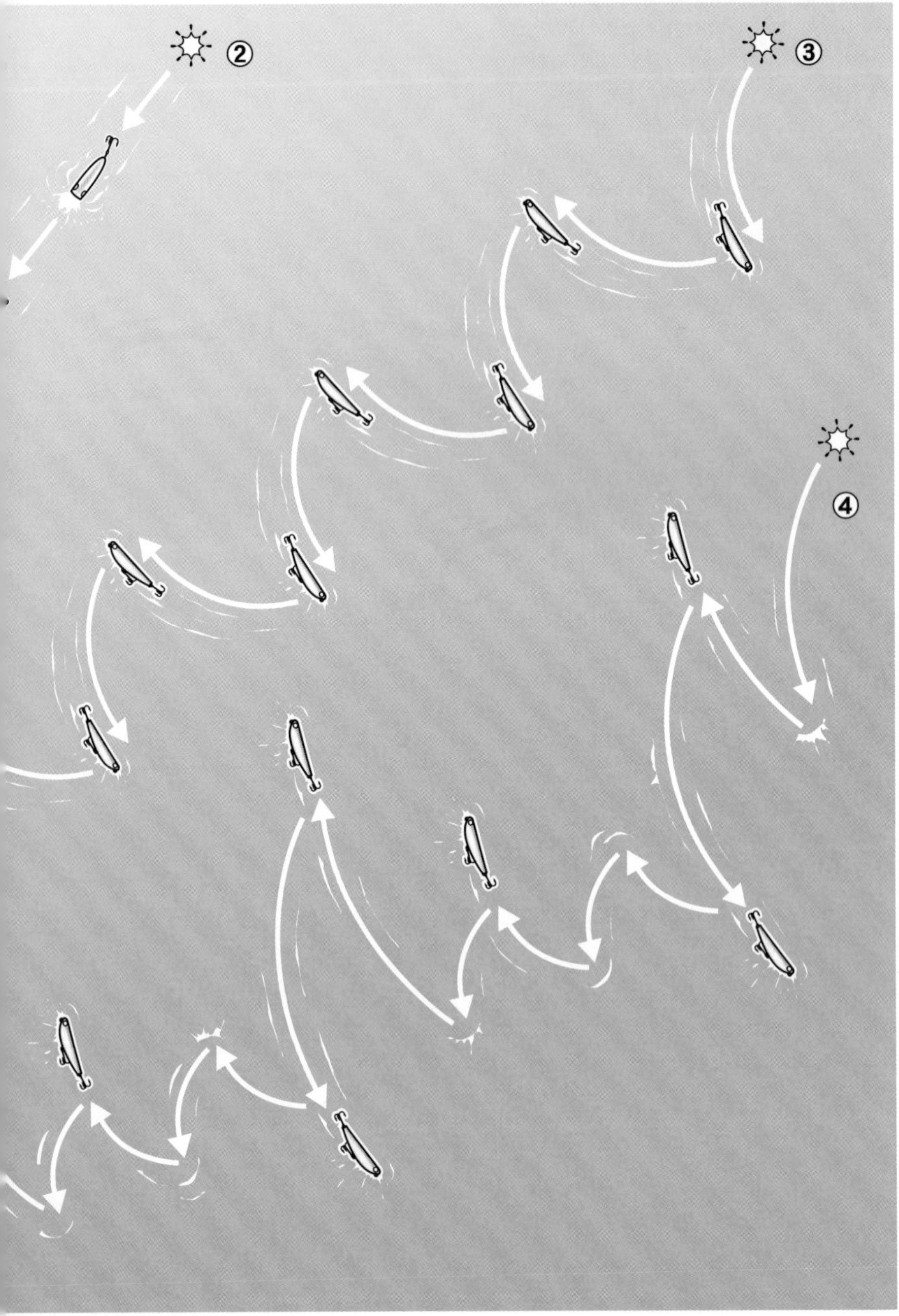

トップウオータープラグのアクション

①ペンシルポッパーの連続ショートトゥイッチによるスプラッシュ

②ポッパーのストップ＆ゴーによるスプラッシュ

③フローティングペンシルのドッグウオーク

④フローティングペンシルの変則ドッグウオーク

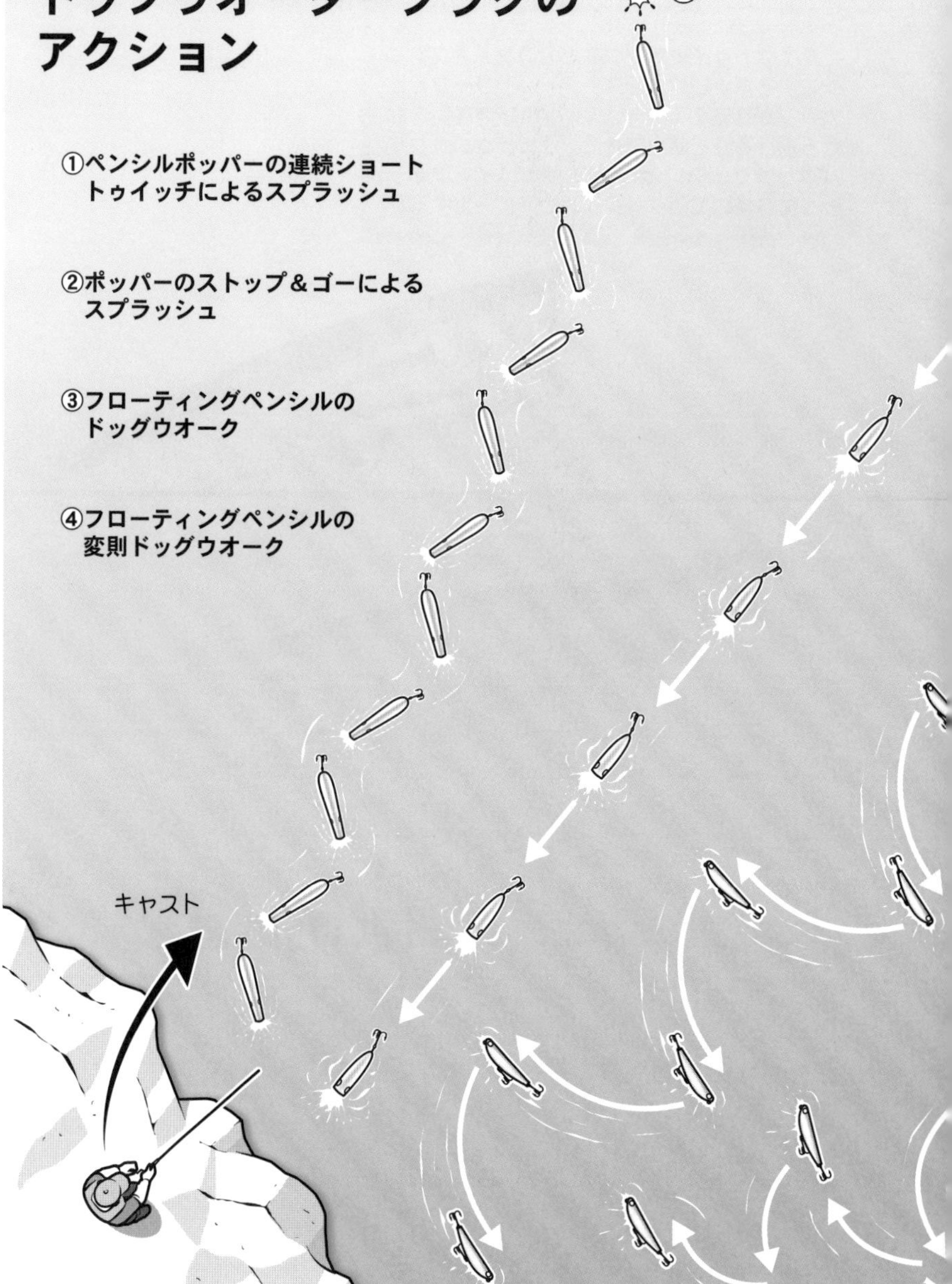

ポッパー

使い方の基本

基本はトゥイッチングなどのロッドアクションによるポッピング。ステディリトリーブではカップが空気の泡をまとい、小魚が泡を引きながら逃げる姿を演出できる。このテクニックをバブリングといい、水面を逃げるベイトフィッシュに意識の高いターゲットにアピールする。

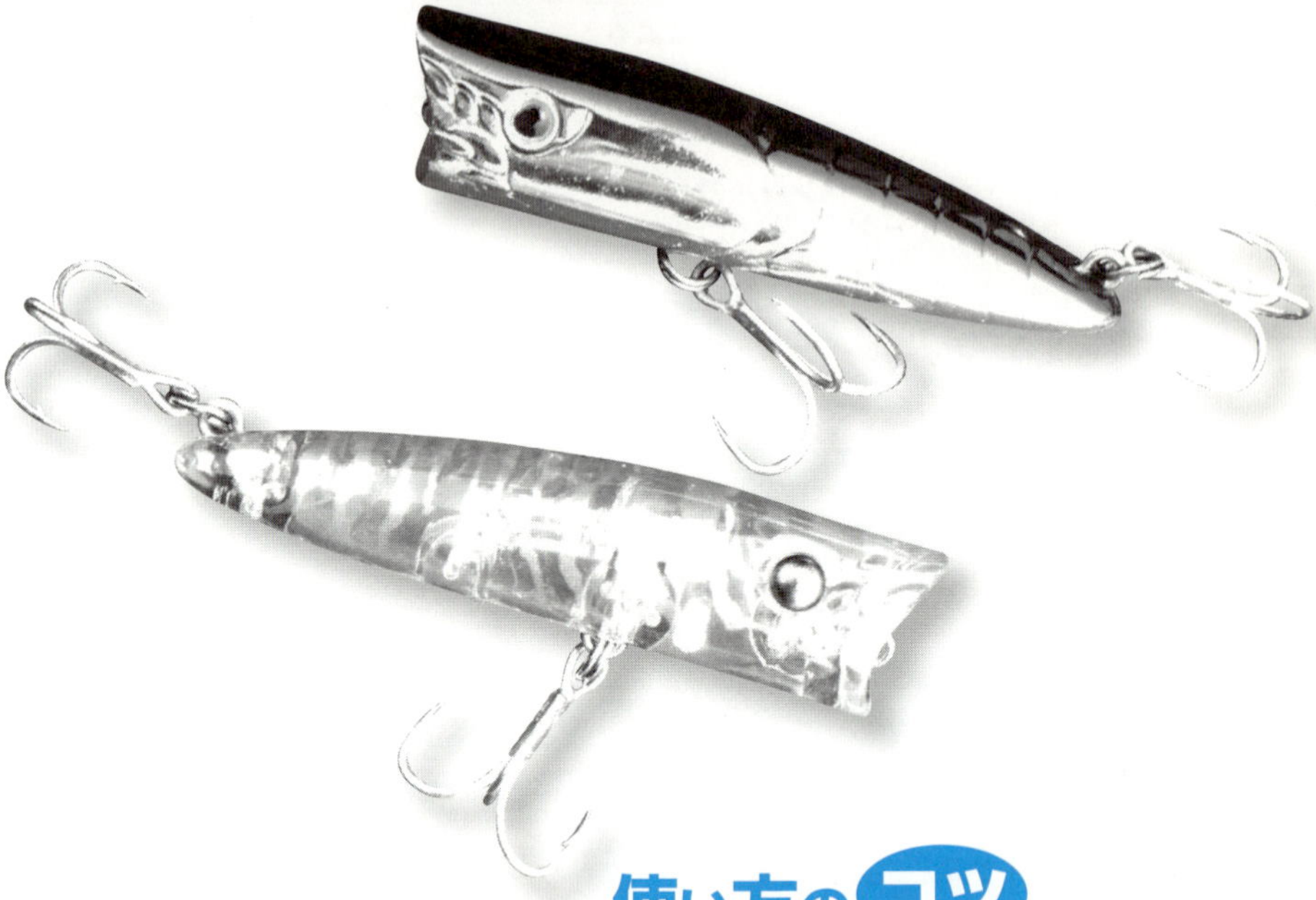

使い方のコツ

ポッピングのコツは、一気にロッドをあおらずにロッドティップの柔軟性を生かして短くポップさせること。強くジャークすると、ポッパーが空中に飛び出して魚にアピールできないばかりか、警戒心を与えてしまいかねない。

ただし、青ものねらいの大型ポッパーはこの限りではなく、ロッドを大きくあおったストロークの長いポッピングが大きな飛沫を生み出し効果的な場合もある。

MERIT

逃げ惑うベイトフィッシュを捕食しているような様を演出するポップ音と飛沫は、ミノーでは真似できない独特の性能。水深30㎝しかないような極浅ポインでもポッピングでターゲットを誘い出す。

■ターゲット別ルアーサイズ表(cm)

シーバス	5～12
メバル	3～5
ロックフィッシュ	3～5
クロダイ	5～7
ショアジギング (青もの)	12～14
ライトミノーイング (メッキ・カマス・シマイサキ)	3～5

ソルトウオーターフィッシングに欠かせないルアーのカテゴリーに、トップウオータープラグがある。この中でポッパーは、水面で飛沫《しぶき》やポップ音と呼ばれる音とアクションで誘うルアー。そのため基本的にボディーのほぼ全体あるいは一部が水面に浮く。

サイズは、クロダイやシーバスをねらう7～9㎝程度から、大型青ものをねらう12～15㎝以上のものまでさまざま。最近ではメバルやロックフィッシュをねらえる5㎝程度の小型も流行している。

ポッパーの頭部はカップと呼ばれ、一般的には凹型の半球形状になっていて、この部分が水と空気を捕らえ、吐き出すことで飛沫とポップ音を生み出す。

ロッドアクションによる連続したストップ&ゴーでは、飛沫やポップ音でのアピールとドッグウオークと呼ばれる左右への首振りをするものと、ドッグウオークせずに直進的に泳ぎ飛沫とポップ音で誘うものがある。これらのアクションをポッピングと呼ぶ。

フローティングペンシル

使い方の基本

ロッドティップ(穂先)からベリー（胴)にかけての部分に重さを感じるイメージでロッドをあおると、フローティングペンシルは左右のどちらかへ水面を滑走する。もう一度あおれば今度は反対側に滑走する。これを連続することで基本のアクションとなるドッグウオークを演出することができる。

使い方のコツ

流れのほぼない止水のポイントでは容易に規則正しい首振りをするが、流れがある場所では勝手が違ってくる。流れの強さにもよるが、ロッドを立ててラインが水面につかないようにアクションさせることで、ラインが流れに引っ張られずに綺麗なドッグウオークを演出できるだろう。

MERIT

トップウオータープラグの中でも、左右への首振りが最も安定しているのがフローティングペンシル。規則的なアクションがフィッシュイーターの興味を誘い、いらだたせながら追尾させる効果がある。

■ターゲット別ルアーサイズ表(cm)

シーバス	5～12
メバル	3～6
クロダイ	5～9
ショアジギング (青もの)	10～14
ライトミノーイング (メッキ・カマス・シマイサキ)	3～5

フローティングペンシルは、その名が示すとおり鉛筆のように細長いものから、やや太めの上反ったスティック形状のものまでを含むトップウオータープラグ。

代表的なアクションは、ロッド操作（トゥイッチやジャーク）による水面上を左右へ首を振るドッグウオークと呼ばれるアクション。左右のものに次々と興味を示しながらジグザグに進む犬の姿に似ていることからそう名付けられ、この独特な動きでターゲットにアピールする。

フローティングペンシルには、水面での浮き姿勢が違うタイプが何種類かある。大別すると水面に垂直に浮くタイプ、水平に浮くタイプ、斜めに浮くタイプなど。この浮き姿勢がフローティングペンシルのアクション特性に大きく影響している。

垂直に浮くタイプはドッグウオークの幅が狭く小刻みとなり、斜めに浮くタイプはこの幅が垂直に浮くものよりも幅広くジグザグする。水平に浮くタイプは、水面をスケーティングするように左右への滑走が得意なものが多く、ゆっくりと左右へ振り幅の大きなドッグウオークでアピールできる。

ペンシルポッパー

使い方の基本

スプラッシャータイプは、水受け面に受ける重さを一定に感じながらリトリーブすることでウネウネと首振りをする。トリッキーなアクションは、ロッド操作の強弱やロッドティップの高さを変化させるなど、主にロッド操作に変化をつけることで生み出される。

使い方のコツ

ドッグウオークの強弱で首振りの幅を不規則にし、さらにはロッドティップを低い位置でトゥイッチすれば水中にプラグがダイブする。水面で小魚が逃げ惑っていたり、飛び跳ねて逃げている場合には、小刻みなこれらのアクションを連続するのが効果的。

MERIT

ペンシルポッパーの得意とする不規則なトリッキーアクションは、捕食本能はもちろんリアクションバイトと呼ばれる本能的な反射攻撃で食いつかせることもできる。デイゲームでは激しいアクションが、河川の深みに身を潜め水面をうかがっているターゲットの興味を惹きつける。

■ターゲット別ルアーサイズ表(cm)

シーバス	5～12
メバル	3～6
クロダイ	5～9
ショアジギング（青もの）	10～14
ライトミノーイング（メッキ・カマス・シマイサキ）	3～5

ペンシルポッパーの一般的な形状は、フローティングペンシルのような細長いボディーをもち、ヘッド部分に小型のポッピングカップもしくは斜めにカットされた水受け面がある。斜めにカットされたヘッドのタイプはスプラッシャーと呼び、ステディリトリーブでも左右へ首振りで引き波を起こして泳ぐ。サーフやオープンウオーターなど、ロングトレース(長距離を引いてくること)でねらうポイントでは、オートマティックなアクションでロッドを握る腕が疲れず適している。

ペンシルポッパーは、ソルトウオーターゲームで用いるトップウオータープラグの中で、最もトリッキーなアクションを発生させることができる。特にポッピングカップをもつタイプは、マニュアルアクションでねらうのがよく、ドッグウオーク、ポッピング、ダイブ、スプラッシュとさまざまなアクションを織り交ぜて、水面をあわてて逃げ惑うベイトフィッシュさながらのアクションでねらうとよいだろう。

シンキングペンシル・シャローレンジタイプ

使い方の基本

対象魚がシーバスの場合、シンキングペンシルの基本はステディリトリーブとなる。リップがないためボディー全体が水を受け流して泳ぐ。ポイントとなるよい流れではルアーを引く抵抗が大きくなるので(緩い流れと強い流れの境目)、重さを感じるポイントを集中的にねらうとよい。

使い方のコツ

シンキングペンシルの多くは沈むときに、ボディーを水平にして左右へロールさせながら沈降していく。このフォールアクションも食いを誘うので、橋脚などの縦ストラクチャーねらいでは意図的に取り入れるようにしたい。

MERIT

シャロータイプのシンキングペンシルは、リトリーブすることで浅いレンジへ浮上し、そのレンジをキープできる。シャローエリアのゴロタなど、根掛かりが頻発するポイントでは障害物の上方をトレースして手返しよく探れる。

■ターゲット別ルアーサイズ表(cm)

シーバス	5～12
メバル	3～6
アジ	3～5
クロダイ	5～9
ショアジギング (青もの)	10～14
ライトミノーイング (メッキ・カマス・シマイサキ)	3～5

シンキングペンシルとは、リップのないベイトフィッシュ状のシルエットのプラグで、沈むものを差す。リップがないのでミノーのようなキビキビとしたアクションではなく、水に絡みつきウネウネとしたアクションをするのが特徴。

小型のものでは3㎝程度から、シーバスでよく使われる9～12㎝、さらには大型青もの用の15㎝を超えるビッグプラグまである。

多くのタイプが存在するシンキングペンシルだが、大きな違いに常用レンジが浅いか深いかがある。このうちシャロータイプは着水直後ゆっくりと沈み、リトリーブすることで急速に浮上し、0～60㎝というシャローレンジをトレース(引く)ことができる。そのためシーバスによく使われる。

シンキングペンシルのアクションはS字を基調とした軌跡の連続で、これにロールアクションが伴うタイプもある。

シンキングペンシル・ミドルレンジタイプ

使い方の基本

比較的水深のあるポイントで、着水直後からのリトリーブで水面下2m前後までのミドルレンジをS字にウネウネしたアクションで泳がせる。これが基本だが、シンキングミノーのようにカウントダウンしてある程度レンジコントロールの幅を広げて使うことも可能だ。

使い方のコツ

シンキングペンシルには、ドリフトと呼ばれる釣り方がある。多くは河川などで用いられ、流れとクロスするようにシンキングペンシルを投げ、ゆっくりリトリーブする、もしくはラインを張るだけでルアーを川の流れに泳がせる。流れに馴染みながら流下するベイトフィッシュを再現するこのアクションに、スレた大型のフィッシュイーターも思わずあざむかれる。

MERIT

リップがない形状により、キャスト中の空気抵抗が少なく、遠投性能に優れている。ミドルレンジ用は重量もあるので、強風などの条件下でもコントロールしやすい。

■ターゲット別ルアーサイズ表(cm)

シーバス	5～12
メバル	3～6
アジ	3～5
クロダイ	5～9
ショアジギング(青もの)	10～14
ライトミノーイング(メッキ・カマス・シマイサキ)	3～5

ミドルレンジ用シンキングペンシルの外見は、シャローレンジ用とほとんど変わらない。同じボディーにウエイト設定を重くしたミドルレンジ用モデルもある。

ミドルレンジタイプはシャローレンジタイプよりも沈降速度が速く、浮き上がりが遅いため水深1m前後のレンジを中心に2mくらいまでを探るのに適している。これはオーソドックスなミノーのレンジと重複しているが、ミノーが流れに逆らいながら泳ぐのに対して、シンキングペンシルは水流をつかみながらS字アクションで水に絡みつく。このアクションの違いがスレたターゲットの捕食本能に訴えかけ、同一レンジをアクションの違いで釣り分けるという攻略にもつながる。

重量があるので強い流れのポイントでも流されにくく、川など一定方向の流れの中層をじっくりねらうのに適しているルアーでもある。

シンキングペンシル・スリムタイプ

使い方の基本

春先のバチ抜けでは時折り、ボイル（捕食行為で水面が沸くように見える状態）が起こる。魚が水面付近を泳ぐゴカイやイソメ類を吸い込むように捕食しているのだが、この場合、スリムなシンキングペンシルをボイルの起こるエリアを通過するようにリトリーブするとよい。直接ボイルのあるポイントへキャストするのではなく、その先へ着水させることを心掛けるように。

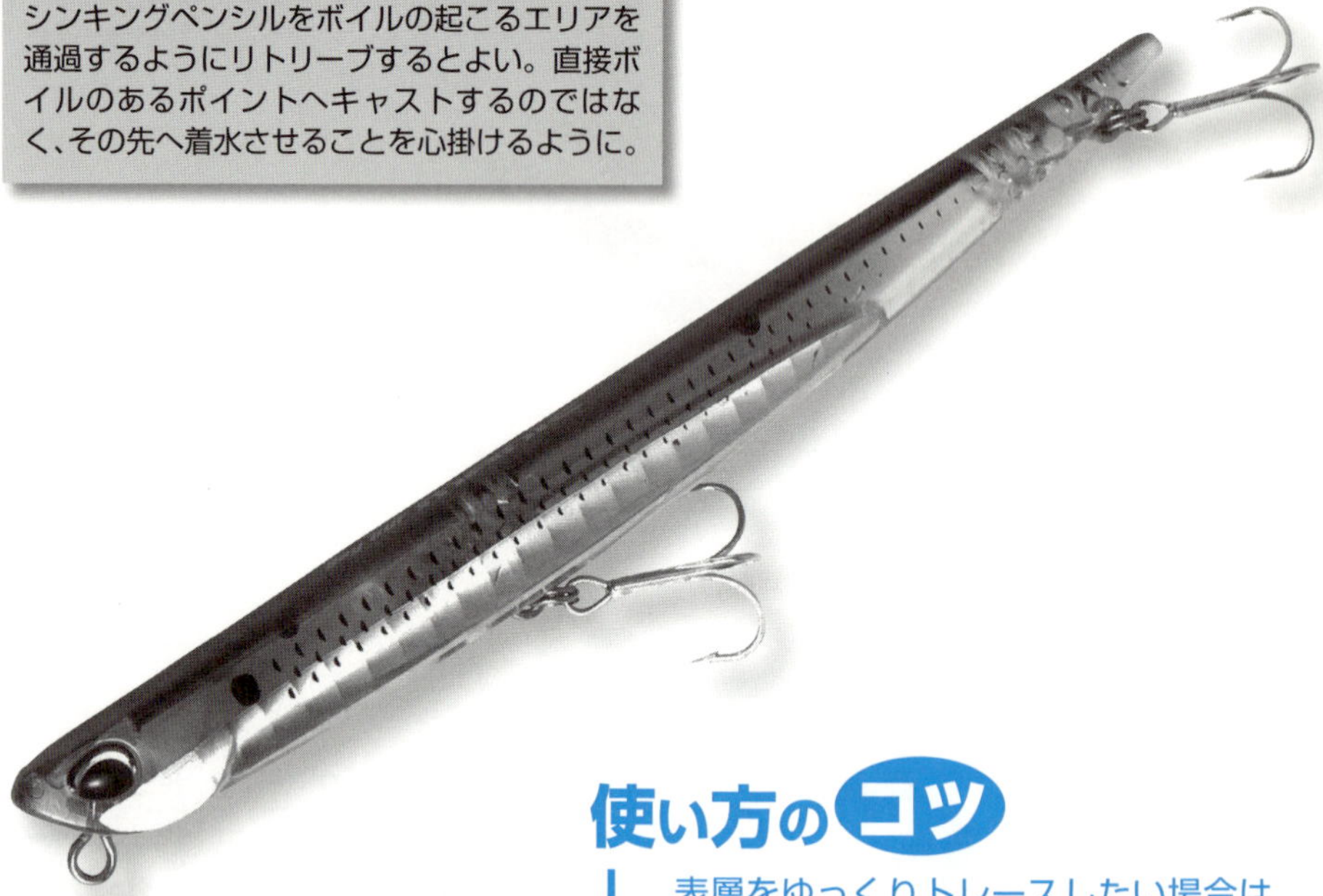

使い方のコツ

表層をゆっくりトレースしたい場合は、ロッドを立ててリトリーブする。シンキングペンシルをＳ字蛇行させながら後ろに引き波を残すことで、ターゲットへのアピールは格段に上がる。バチ抜けシーズンのバイトは小さく吸い込む（バキュームバイト）ことが多く、トリプルフックの先端が鋭いか常にチェックすることも重要。

MERIT

なんといってもスリムなボディーとナチュラルアクションが魅力。空気抵抗が小さいのでサイズ以上の飛距離を得られる。小型ミノーでは届かない、もしくはアクションに反応しない場合は迷わずキャストしてみよう。

■ターゲット別ルアーサイズ表(cm)

シーバス	5～12
メバル	3～6
アジ	3～5
クロダイ	5～7
ライトミノーイング (メッキ・カマス・シマイサキ)	3～5

シンキングペンシルの中でも極端に細いタイプのものが存在する。これは小型のベイトフィッシュを偏食したり、シーバスフィッシングで春先に起こる、バチ抜けと呼ばれるゴカイやイソメ類が産卵行動に伴い水面を泳ぎ流れる状況では必携ルアーとなる。

スリムなのでボディーによるアピールは少ないものの、水と馴染み、自然なベイトをイミテートすることができるのが特徴。5㎝未満の小型サイズはメバルやアジねらいのライトゲームに、7㎝以上のタイプはシーバスに適している。

アクションをつけて使うことはごくまれで、ステディリトリーブで水面や水面直下をウネウネと泳がせながら誘うのがセオリー。ゆっくりリトリーブしていると一見動いていないように見えるが、実際には小さなロールやS字の蛇行アクションをしている。この小さなアクションでもターゲットにアピールできるので、不安がらずに使ってほしい。

ヘビーウエイトタイプのアクションイメージ

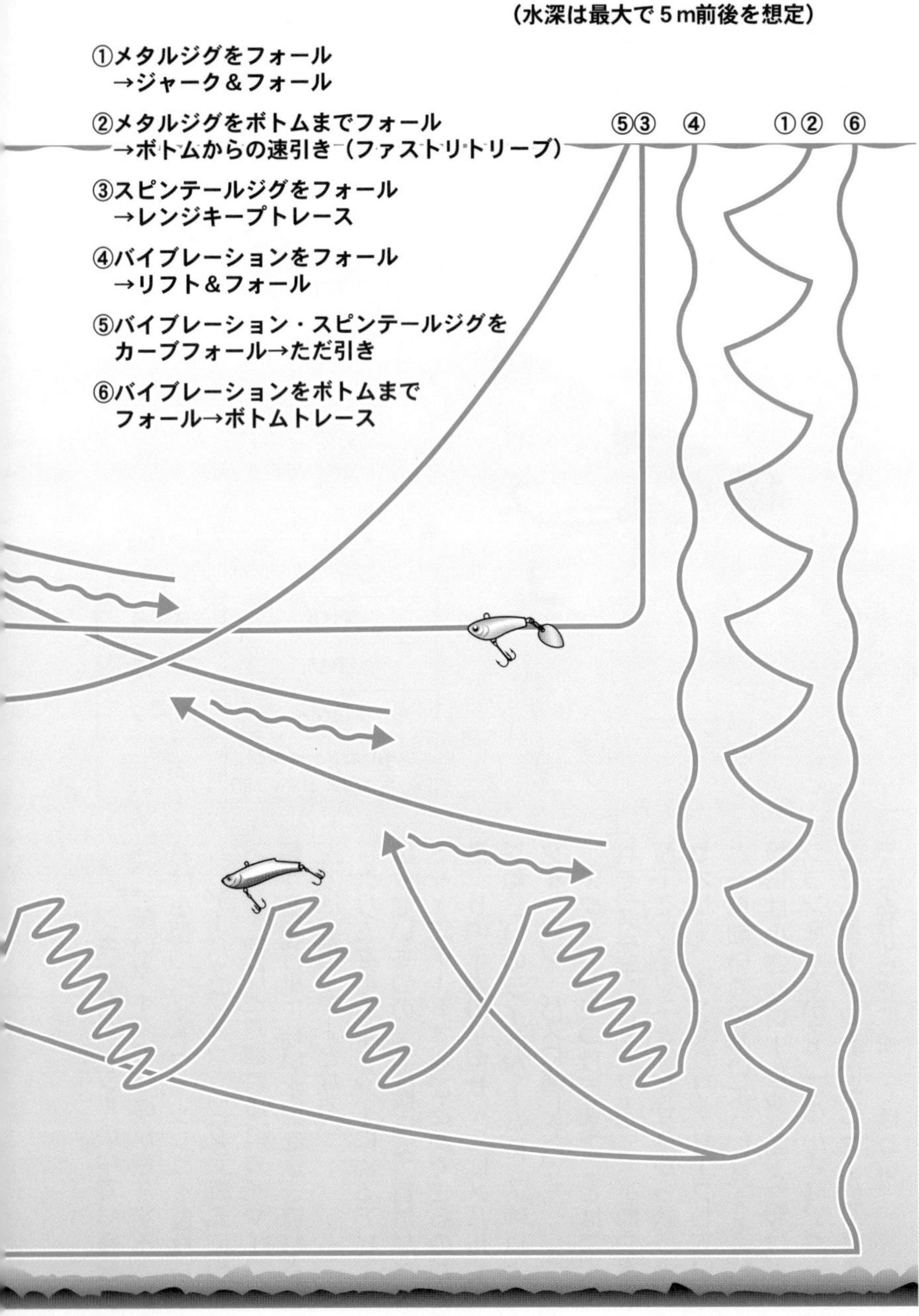
（水深は最大で５m前後を想定）
①メタルジグをフォール
→ジャーク＆フォール
②メタルジグをボトムまでフォール
→ボトムからの速引き（ファストリトリーブ）
③スピンテールジグをフォール
→レンジキープトレース
④バイブレーションをフォール
→リフト＆フォール
⑤バイブレーション・スピンテールジグを
カーブフォール→ただ引き
⑥バイブレーションをボトムまで
フォール→ボトムトレース
⑤③
④
①②
⑥

バイブレーション・スピンテールジグ・メタルジグのアクションイメージ

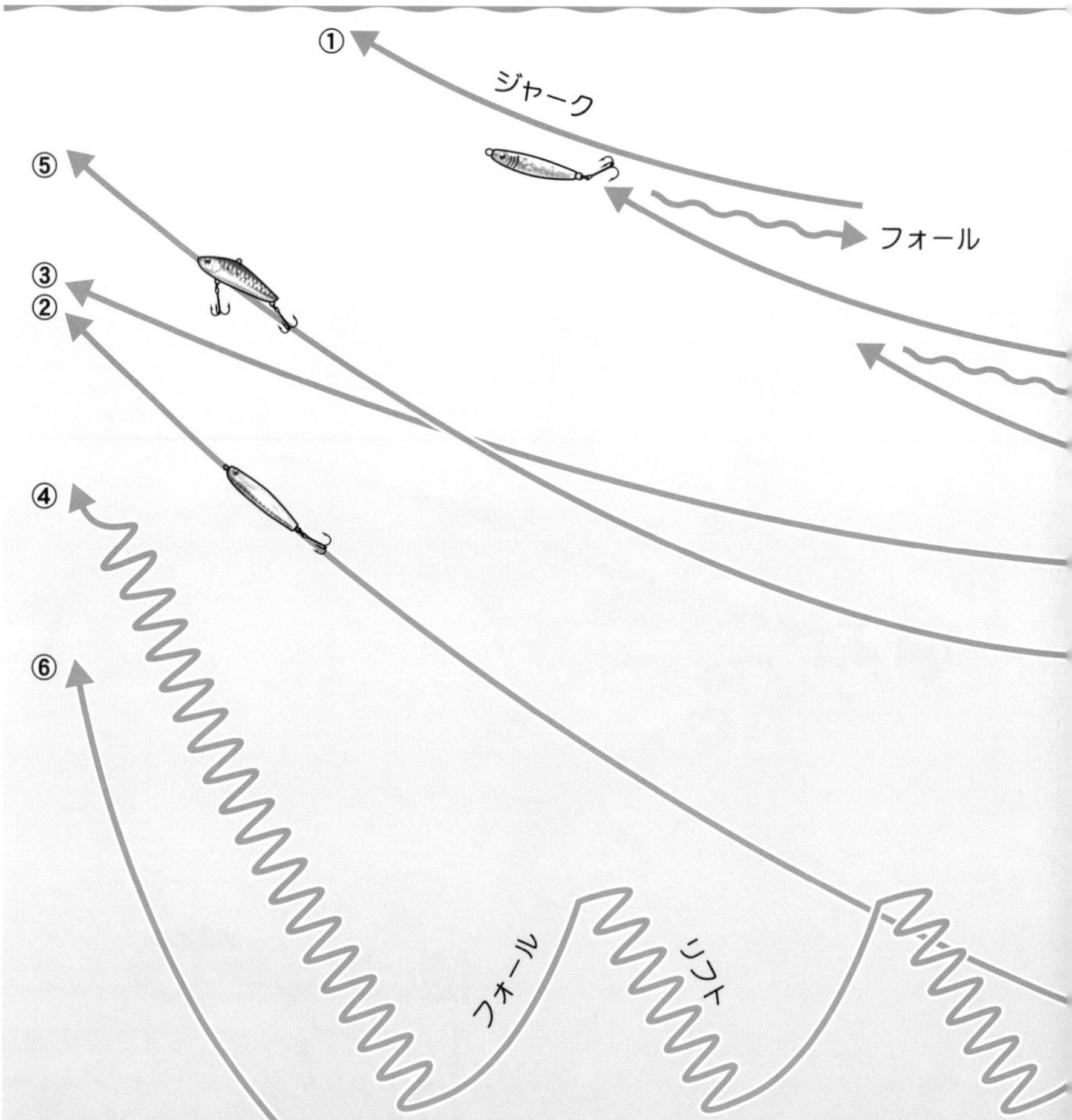

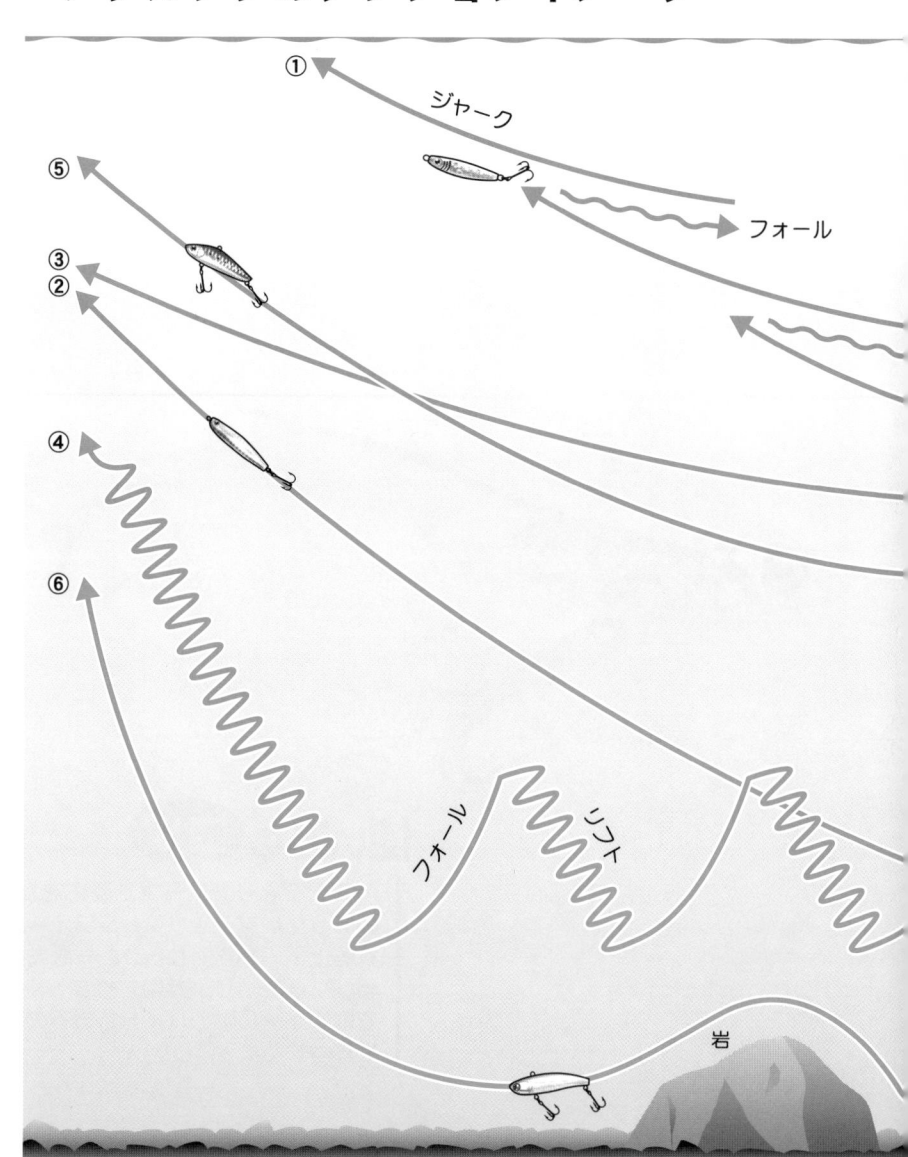

バイブレーション

使い方の基本

　ウエイトがあり遠投が可能な特徴を生かして、オープンな広いポイントではできるだけ広範囲を探れるようにキャストする。また、ロッドを構える角度によって表層からボトムまで探れるので、ステディリトリーブで反応のあるレンジを細かく探っていくのが基本となる。デイゲームでは直射日光の届きにくいボトム付近や深みを探るとバイトがでることもある。

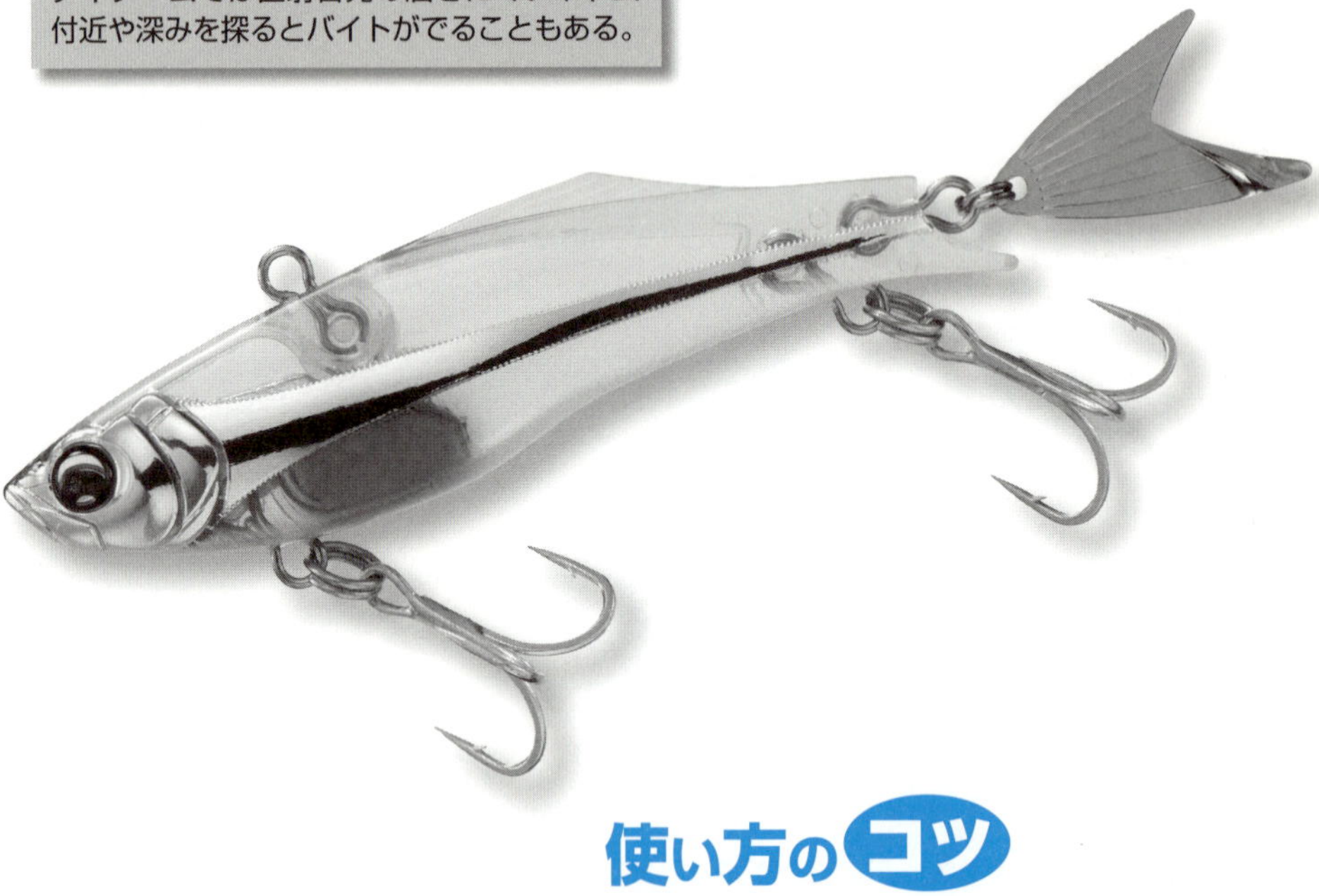

使い方のコツ

　ステディリトリーブで反応を探り、反応のあったレンジをリフト&フォールと呼ばれる上下の動きでねらうと一層効果が上がる(P104－105参照)。リフト&フォールではフォール中のバイトもあるのでラインに集中するようにしたい。

MERIT

ボディーサイズに対して重量があり、リップもない＝空気抵抗が少なく飛距離が出るので、昔からシーバスフィッシングではよく使われてきた。沈下スピードが速く、広範囲に幅広いレンジを素早く探れる。

■ターゲット別ルアーサイズ表(cm)

シーバス	5～10
メバル	3～5
フラットフィッシュ (ヒラメ・マゴチ)	7～10
アジ	3～5
クロダイ	5～7
タチウオ	5～8
ショアジギング (青もの)	7～10
ライトミノーイング (メッキ・カマス・シマイサキ)	3～5

バイブレーションとはバイブレーションプラグの略称。ひし形に近い形状のボディーを持ち、背中の前方にラインを結ぶアイがある。基本的には沈むタイプが多く、リトリーブすることでボディーをブルブルと震わせて泳ぐ。

バイブレーションのアクションは、ヘッド部分が水を受け、左右にテールを振るウォブリングアクションと、薄い背中が水を切り、平たいボディー側面が水を逃がすことで泳ぐロールアクションのいずれかの組み合わせであることが多い。

一般的には、ウォブリングアクションで水をかき混ぜるタイプがハイアピール、細かなロールアクションのタイプがナチュラルアピールとして使い分けの目安になっている。

また、ボディー内部にラトルと呼ばれるガラスや真鍮《しんちゅう》などを球状にしたものが複数組み込まれているタイプをラトラー、ウエイトとなる鉛などの金属が固定されていて音の出ないタイプをサイレントと呼んでいる。ソルトウオーターフィッシングではサイレントタイプが多用されている。

バイブレーション・スリムタイプ

使い方の基本

ただ巻きでも充分に釣れるが、リトリーブ中にロッドを上方へあおるトゥイッチやジャークを混ぜることで変則アクションが生まれる。まるで逃げ惑うベイトフィッシュのようなアクションは多くのバイトを誘発するので、ロッドワークを練習したい。

使い方のコツ

リフト＆フォールも効果的なメソッド（釣り方）だが、やり方によって多くのパターンで誘うことができる。たとえば、リフトで瞬時にロッドをあおり、バイブレーションが弾かれるイメージで操作すると、ルアーは上方への動きと同時に左右へダート（横ズレ）する食わせのアクションを生み出すので試してみよう。

MERIT

ベイトフィッシュを思わせるシルエットは、ミノーと同じように出番が多い。リトリーブの抵抗が少ないので、高速リトリーブ中にトゥイッチ操作をすることも可能。不規則にヒラ打ちするなど、食わせのきっかけを増やせる魅力的なバイブレーションだ。

■ターゲット別ルアーサイズ表(cm)

シーバス	5〜10
メバル	3〜5
フラットフィッシュ（ヒラメ・マゴチ）	7〜10
アジ	3〜5
クロダイ	5〜7
タチウオ	5〜9
ショアジギング（青もの）	7〜10
ライトミノーイング（メッキ・カマス・シマイサキ）	3〜5

ひし形のイメージのあるバイブレーションプラグだが、ミノーを思わせる、スリムなベイトフィッシュのシルエットに似たタイプも近年多く見られるようになってきた。

これらスリムなタイプのバイブレーションの多くは、ヘッドで水受けするウォブリングタイプよりも、ボディー背面で水を切り、受け逃がすことでロールアクションを中心とした細かい震動アクションを生むものが圧倒的に多い。

このアクションはスレたターゲットにも見切られにくいうえに、リトリーブの引き抵抗も小さい。デイゲームで多用するファストリトリーブ（速引き）でもバランスを崩さず、ロッドを握る腕も疲れない。

材質はソリッドのプラスティックから金属のものまである。ストラクチャーをタイトにねらう場合には、衝撃に強いソリッドボディーが壊れにくいのでオススメだ。

スピンテールジグ

使い方の基本

リトリーブ速度の違いでターゲットの反応が変わってくるのがスピンテールジグの面白いところ。その日に反応がいい速度（＝ブレード回転）があるので、いろいろな速さを試してヒットパターンをつかむのがよい。

使い方のコツ

堤防や消波ブロック帯など、直線的なストラクチャーが続くポイントでは、障害物の際をロングトレースすることでバイトを得られやすい。ストラクチャーの際が深い場合には、着水後のカーブ、フリーフォールなどのフォール中のバイトも多い。ロッドティップやライン変化に神経を集中することがフォールバイトをキャッチするコツとなる。

MERIT

スピンテールジグは素早く沈み、ねらいのレンジをキープすることが得意なメタルルアー。回転するブレードは集魚効果が高いだけでなく、レンジコントロールにもひと役買っている。向かい風などのキャストしにくい状況でも、ボディーの重さで案外スムーズに投げられる。

■ターゲット別ルアーサイズ表(g)

シーバス	15～30
フラットフィッシュ (ヒラメ・マゴチ)	20～30
クロダイ	15～30
タチウオ	15～30
ショアジギング (青もの)	20～30

スピンテールジグは、鉛やタングステンなどの金属でできた小型ボディーのテールに、ブレードという葉っぱのような形状の反射板を備えたルアーだ。着水後に沈めてからリトリーブすることで、テールのブレードが回転し、反射光とブレードの波動でアピールする設計となっている。

基本的にはシーバスをねらうために開発されたルアーで、重量は15～30g程度のものが多い。シーバス以外のターゲットでは、ブレードの輝きが青ものの好奇心をあおる。

スピンテールジグには、ボディーのみにフックがついているものと、テールのブレードにもフックのついているタイプがある。前者に比べ後者はフックとラインが絡むというトラブルが多い反面、フッキング率は高いという相反する性能を持ち合わせるので、状況に応じて選択するようにしたい。

メタルジグ・キャスティングタイプ

使い方の基本

ボトムまで沈めたら、ステディリトリーブが基本となる。リトリーブによって徐々にレンジが浅くなっていくので、バイトのあるレンジを探ることも同時にできる。シーバスの場合はミディアムからファストリトリーブ、青ものはファストリトリーブが基本。

使い方のコツ

ひと昔前まではシーバスのメタルジグといえば、テール側にトリプルフックがついていた。最近ではアシストフックと呼ばれる、ケブラー繊維などの紐状素材とシングルフックで組まれたフックを用いる。このアシストフックはメタルジグにじゃれ付くような青もののバイトにも効果抜群で、交換することにより確実なフックアップができるようになる。

MERIT

圧倒的な飛距離と沈下速度の速さが魅力。サーフから青ものをねらうには、ナブラ(ベイトフィッシュが追われて水面に飛び逃げる姿)にルアーが届かなければゲームが始まらない。そんな場面で活躍するのがキャスティングタイプのメタルジグ。よく飛んで速く沈むことが最大のメリットだ。

■ターゲット別ルアーサイズ表(g)

シーバス	15～25
メバル	3～7
ロックフィッシュ	3～10
フラットフィッシュ(ヒラメ・マゴチ)	15～30
アジ	3～5
タチウオ	15～30
ショアジギング(青もの)	20～40
ライトミノーイング(メッキ・カマス・シマイサキ)	3～5

メタルジグは金属製のベイトフィッシュに似せた形状のルアー。鉛や鉄、アルミなど比重の異なる材質の金属でできている。一般的には鉛合金製のものが最も多い。比重が大きく、沈みが早い利点と、成型の自由度が高いことがその理由に挙げられる。

キャスティングタイプのメタルジグは遠投性能に優れるのはもちろん、ステディリトリーブでもスイミングアクションするのが特徴。ボディーが左右非対称であったり、ネジレや湾曲していることで、ボディーが受けた水流を受け流すときにスイミングするのだ。

ウエイトはメバルなど小型ターゲット用の3g程度の極小サイズから、ショアジギングで大型青ものを対象とする数百gの重量までと幅広い。シーバスや小型青ものなど、近海のキャスティングでは15～40g程度が広く使われている。

メタルジグ・ジギングタイプ

使い方の基本

ジギングのアクションの基本は、ワンピッチジャークと呼ぶ、ロッド１回のあおりに対してリールを1回転するジャーク動作の繰り返し。バイトの多くはロッドをあおった後のフォール中にあるので、ラインがたるみ過ぎの状態を作らないようにしよう。

使い方のコツ

基本のワンピッチジャークで反応がない場合は、不規則なアクションが有効な場合もある。2ジャークに対してリール1回転や、高速でリーリングしながらロッドを揺らすジャカジャカ巻きなど、いろいろなリズムで反応を得るのもジギングならではの醍醐味だ。

MERIT

素早く沈むメタルジグは、ヒラヒラと高速でフォールするときにも強烈にアピールする。このフォールと水面へ向かう縦方向のアクションはメタルジグならでは。他のルアーではできないコースをトレースできる。

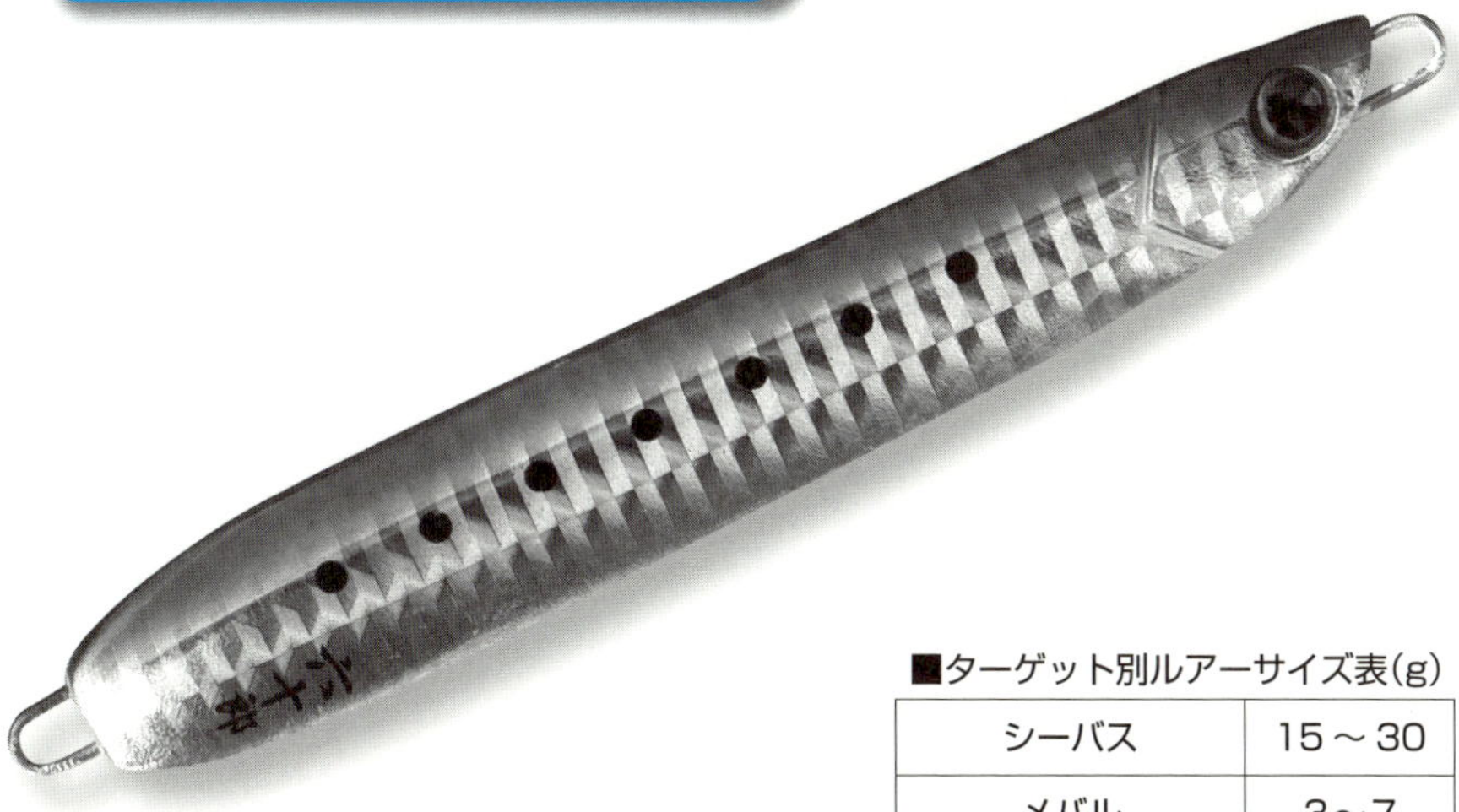

■ターゲット別ルアーサイズ表(g)

シーバス	15～30
メバル	3～7
アジ	3～5
ショアジギング（青もの）	30～150

材質等は前項のキャスティングタイプと同じだが、ジギング（バーチカルジギング。「Vertical」は垂直の意）とはロッドワークとリーリングでメタルジグを操るメソッドである。アングラーがメタルジグを意図的に操作することでバイトをねらう釣り方なので、形状もシンプルなものが多い。

シーバスでは岸ジギ（岸壁ジギング）という方法がある。これは深い岸壁際に10～30gのメタルジグを落とし、ボトムからシャクリ上げとフォールアクションで他のルアーに反応しないシーバスをねらうものだ。

青ものでは、堤防や磯など潮通しのよいポイントで、ショアジギングと呼ばれるキャスティングしてねらうジギングが近年人気となっている。こちらは堤防からねらうライトゲームならば30～40g、磯からのヘビーゲームではブリやヒラマサをねらって100～150gをキャストするゲームもある。

ビッグベイト

使い方の基本

　ステディリトリーブが基本となる。ルアー自体が大型なうえに、リップ付きのタイプともなれば引き抵抗も大きい。ロッドだけでなく、リールも大型で巻き上げパワーのあるものを組み合わせて使うことが安定したリトリーブに繋がる。

使い方のコツ

　ジョイントシンキングペンシル型のタイプは、ステディリトリーブ以外に、ゆっくり大きなジャークを繰り返すことで身をよじりながら大きなボディーをくねらせる。この反射させながら広範囲へアピールするアクションが集魚効果を伴う最高の誘いになる。

MERIT

とにかく大きなボリュームがビッグベイト最大の武器。圧倒的な存在感が強いアピールとなる。そしてビッグルアー＝ビッグフィッシュの定石どおり、ビッグベイトで釣れるシーバスは大きいことが多い。

■ターゲット別ルアーサイズ表（cm）

シーバス	15～20
ショアジギング（青もの）	15～20

ビッグベイトといえば淡水のブラックバス用が有名。その名のとおり、大きなベイトフィッシュを模したプラグのことで、海用はそれより小ぶりなものが多いが、それでも一般的なシーバスプラグと比較すると圧倒的な大きさが特徴的だ。オールシーズン使えるルアーではないが、秋の産卵前など荒食い時期には、コノシロのような大型のベイトフィッシュばかり好んで捕食するシーバスに特に効果的なことがある。

全長20㎝前後、重量40～60gと一般的なシーバスロッドでのキャストには不向きなサイズのため、ブラックバス用や青もの用のロッドを代用することが多い。

ビッグベイトの多くは2分割のジョイントタイプで、リップのあるジョイントミノー型と、リップのないジョイントシンキングペンシル型の2タイプが代表的。大型のベイトフィッシュが追い回される状況では、最もマッチ・ザ・ベイトとなるルアーがこのビッグベイトだ。

シャッドテールワーム

使い方の基本

ジグヘッドとの組み合わせで使われることが多い。リトリーブでの中層ねらいならドーターヘッドやラウンドヘッド、ボトムねらいには姿勢の安定するフットボールヘッドを選択すればよい。基本的にステディリトリーブで使うことが多い。

使い方のコツ

ワームの中では最もリトリーブによる抵抗が大きいので、距離感がつかみやすく、ロングキャストして広範囲を探るのに向いている。ボトムねらいではズル引きやシェイクでフラットフィッシュにアピールできる。

MERIT

リトリーブすることでテールを左右に揺すってアクションし、大きな波動を発生する。この波動が広範囲での集魚効果や、スローで誘う場合にゆっくりと揺れてフィッシュイーターの興味を誘う。

■ターゲット別ルアーサイズ表(インチ)

シーバス	3～5
メバル	1～2.5
ロックフィッシュ (カサゴ・ソイ・アイナメ)	2～5
フラットフィッシュ (ヒラメ・マゴチ)	3～5
アジ	1～2
クロダイ	2～4
タチウオ	3～5

シャッドテールワームとは、テールが写真のように横から見ると人の足のように、上部からはT字型の形状をしている。このT型テールが水を受け、左右に震動することでターゲットを誘う。

ボディーの形状は細身のものから、シャッド型の体高が高いタイプ、もしくはグラブと呼ばれる太く短いボディーを持つものまでさまざまなタイプがある。ソフトプラスティックを材質としているので、柔軟な動きが多くのフィッシュイーターをとりこにする。臭いのついたタイプも多く、バイト後なかなか離さないなど集魚効果に違いがあるようだ。

サイズは1インチの極小から5インチ程度が、ソルトウオーターフィッシングではよく使われている。ねらえるターゲットは数多く、小型サイズならメバルやロックフィッシュ、アジなどに用いられ、4インチ前後のサイズはシーバスやクロダイ、フラットフィッシュ、タチウオなどに使われる。

ストレートワーム

使い方の基本

　おとなしいアクションのワームがほとんどなので、スローにじっくり誘うのがよい。港湾部のストラクチャー周辺では、ジグヘッドとのコンビネーションリグで表層からボトムまで広くステディリトリーブで探ってみる。

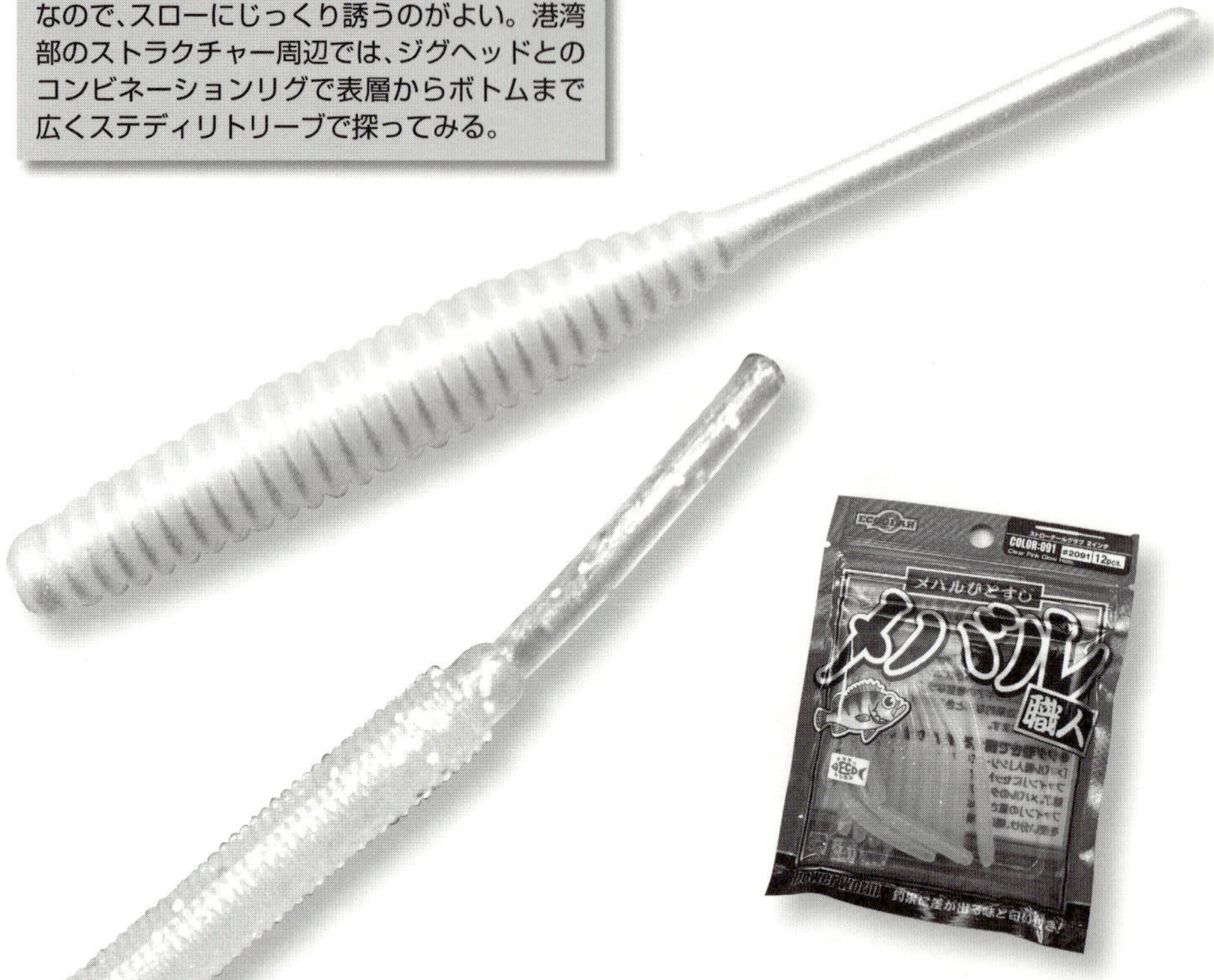

使い方のコツ

　細身のボディーを持つストレートワームは、バチ抜けというイソメ類の生殖活動の際に、水面付近を泳ぎ漂う姿をイミテートするのに適している。ノーシンカーリグ(オモリなしでフックとワームの重量のみで使うリグ)で、水面に引き波を立てるようにしてリトリーブする。

MERIT

細く繊細な動きを得意とするストレートワームは、プラグで日夜ねらわれ続けているポイントで、大きなアクションのルアーに飽き飽きしているターゲットに対して、ナチュラルなアピールで興味を引かせることができる。

■ターゲット別ルアーサイズ表(インチ)

シーバス	3～6
メバル	1～2.5
アジ	1～2.5
クロダイ	2～4

ストレートワームはその名のとおり、ヘッドからテールまで直線的なボディーを持つワームである。ボディーはシャッド型のボリュームあるタイプから細身のものまで幅広い一方、テールは細い針や釘のような太さのストレートピンテールが主流。この細いテールがリトリーブにより微細な揺れを発生させる。

一見すると動いていないようなこのアクションこそが、ストレートワームの最大の魅力。テールとボディーの微細なアクションで、スレたターゲットですらついバイトしてしまう。

短いボディーのものはジグヘッドリグで使うが、長いタイプはロングシャンク(軸の長いハリ)ジグヘッドもしくはワームフックとの組み合わせで使う。

カーリーテールワーム

使い方の基本

カーリーテールワームは、ロッド操作による激しいアクションは必要ない。とにかく巻くだけなので、リトリーブの速度を変えてテールの動きを調整したり、カウントダウンで広いレンジを探るのが基本となる。

使い方のコツ

フォーリングでのテールアクションが綺麗なのもカーリーテールの特徴。テキサスリグでねらうロックフィッシュなどは、フォールでのバイトや、ゆったりとしたリフト＆フォールでバイトしてくる確率が非常に高い。港湾部の縦ストラクチャーにステイするシーバスにも同様のことがいえる。

MERIT

ステディリトリーブで、速度に関係なくカーリー（カールした）テールがヒラヒラとアクションしてアピールする。ビギナーでも安定したアクションを得られるので扱いやすいワームといえる。フリーフォールやカーブフォールでも同様のアクションによるバイトが期待できる。

■ターゲット別ルアーサイズ表(インチ)

シーバス	3～6
メバル	1.5～3
ロックフィッシュ (カサゴ・ソイ・アイナメ)	2～5
フラットフィッシュ (ヒラメ・マゴチ)	3～6
アジ	1.5～2
クロダイ	2～4
タチウオ	3～6

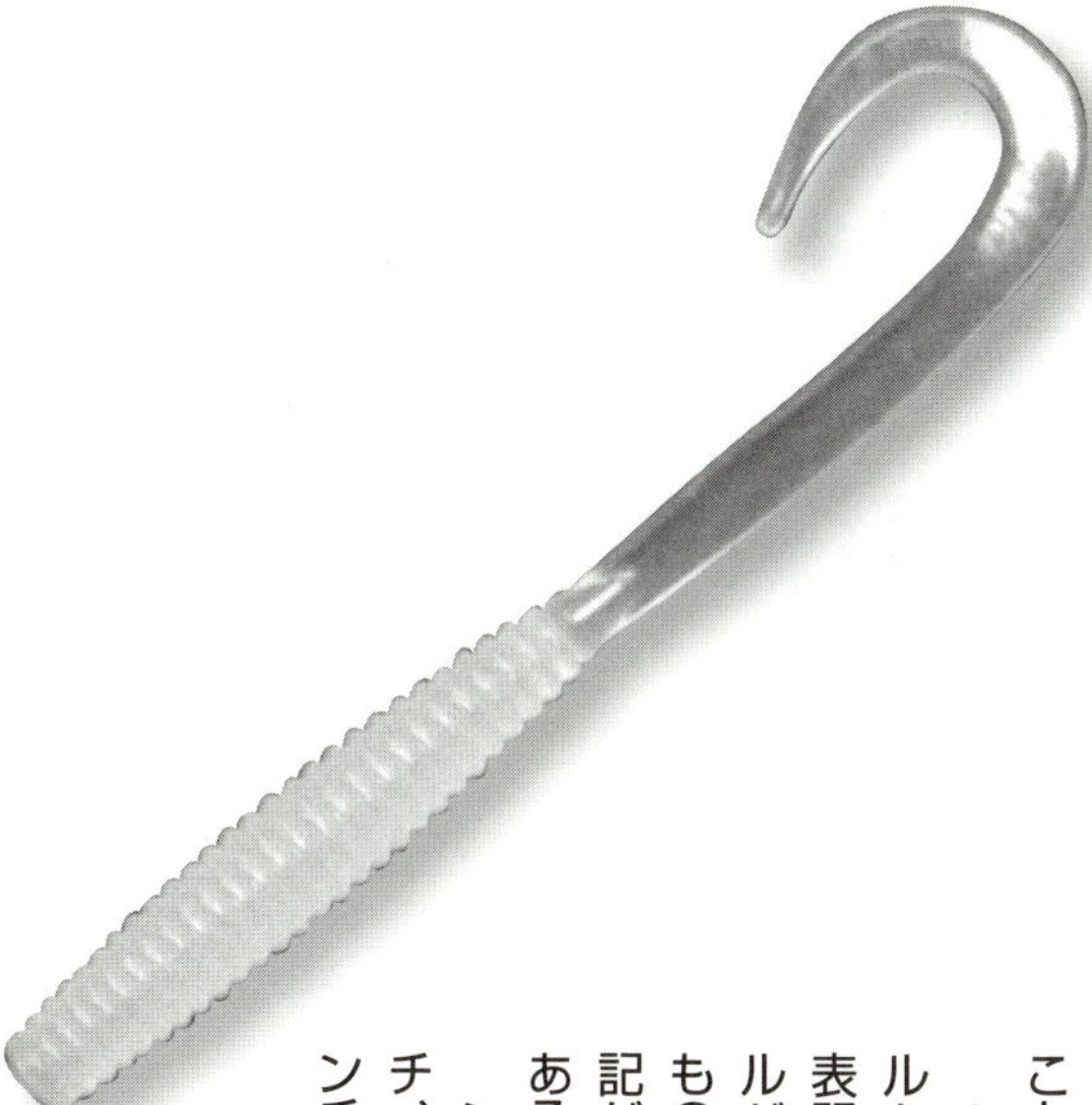

カーリーテールワームは、テール部分が渦巻きのようにカールしているのが特徴で、リトリーブすることによってこのカール部が水流により伸ばされ、ヒラヒラと生命感を感じる泳ぎをする。

テールの大きいものは、ボディーもロールするように揺らすのでアピールが高い。ソルトウオーターゲームでは、シャッドテールワーム同様にジグヘッドリグで使うことが多いワームだ。

カーリーテールワームのサイズはテールを伸ばした状態(スイミングの状態)で表記されるものもあれば、カールしたテールが伸びていない状態で表記されているものもある。メーカーにより同じサイズ表記だとしても、実際のサイズが違うこともあるので、注意したい。

シーバスやフラットフィッシュは4インチ、メバル、ロックフィッシュ、アジは2インチがレギュラーサイズの目安。

ホッグワーム

使い方の基本

ボトムでのズル引きや、リフト＆フォールが基本の使い方となる。砂地のボトムはフラットフィッシュ、岩礁帯はロックフィッシュの生息地だが、後者は特に根掛かりが多いのでリフト＆フォールでボトム形状を探りながら誘うとよい。

使い方のコツ

縦のストラクチャーに沿ったフォーリングや、ボトムをリフト＆フォールでねらう場合、リグの重量を変えることでフォール中のアピールが変わってくる。ジグヘッドを軽くすると、ゆっくり沈むのでアピールが強くなる。またジグヘッドの形状によってバランスが変わると沈みの姿勢も変わるため、組み合わせを工夫するとバリエーションが増える。

MERIT

爪や足、ヒゲなど、甲殻類を再現したボディーは細かなアクションをすることでリアル度が増す。特にフォールでの細部のアクションは、他のワームには真似できないホッグワームならではの魅力だ。

■ターゲット別ルアーサイズ表(インチ)

シーバス	2～4
メバル	1.5～2
ロックフィッシュ (カサゴ・ソイ・アイナメ)	2～4
フラットフィッシュ (ヒラメ・マゴチ)	2～4
アジ	1.5～2
クロダイ	2～4

ホッグワームはエビやカニなどの小型甲殻類をイミテートした形状のものが多く、しばしば左右に大型の爪を有する。スイミングで使うというよりはフォールでのバイトをねらったり、ボトム付近でのリフト&フォールで使われることが多い。

ターゲットとしては、甲殻類を多く捕食しているロックフィッシュ、クロダイ(チヌ)、シーバスなど幅広い。

フォール姿勢とボトムでの着底姿勢がバイトに大きく影響するワームで、いずれも左右の爪が上を向いている姿勢が好ましい。フットボールヘッドなど安定感のあるジグヘッド、もしくは根掛かりの多い岩礁帯ではテキサスリグで使われる。潮の流れなどで爪が揺れることによりバイトのスイッチが入ることも多い。

ジグヘッド

ジグヘッドはオモリとフックが一体化したもので、ワームをセットして使用する。ワームをセットした状態のことをジグヘッドリグと呼び、ジグヘッドの種類とワームの種類も多いことから、組み合わせのバリエーションは非常に広い。

使い方の基本とコツ

ジグヘッドにワームをセットする場合は、フックに真っすぐ刺すことが重要。曲がって刺したり、ワームのシルエットが崩れると、リトリーブ中に回転したり左右に蛇行したり、綺麗に泳がなくなる、特にストレートワームなど繊細なアクションのワームは、必ず曲がらないようにセットしよう。

【代表的なジグヘッド】

●ラウンドヘッド

ジグヘッドのなかでは最もオーソドックスなもので、球状のヘッドが特徴。軽いものから重いもの、フックの大きさや長さなど多くの種類がある。

球状のジグヘッドは水の抵抗が大きく、他のタイプのジグヘッドに比べて浮き上がりやすいので、遠投しながら浅いレンジを引いてくるような場合に適している。水押しも強いのでアピール力は強い。

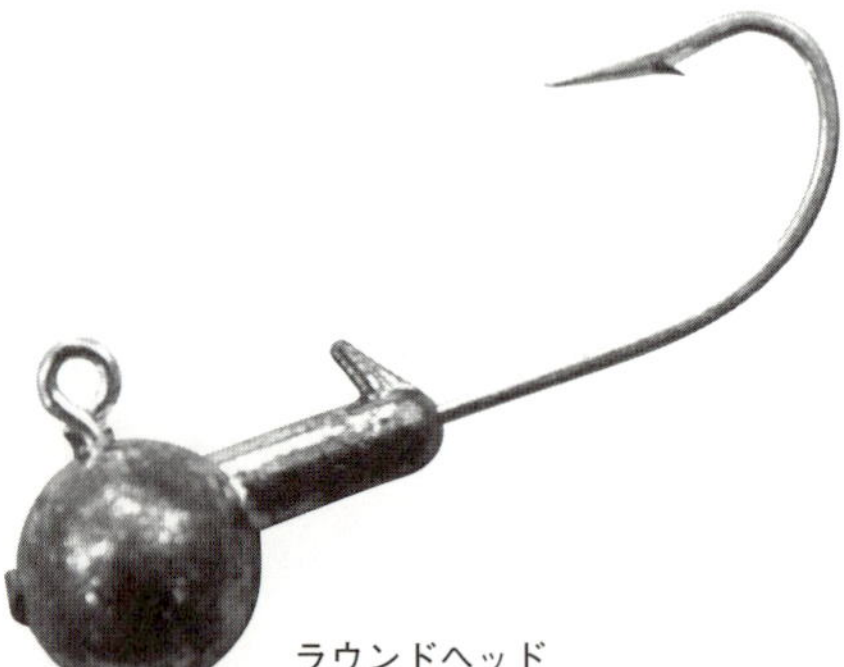

ラウンドヘッド

●スイミングヘッド

リトリーブヘッドとも呼ばれ、主にステディリトリーブを繰り返すゲームに向いている。形状は幾種類かあるが、特徴としてワームをセットした腹側部分にトリプルフックをセットできる。トリプルフックとシングルフックの組み合わせになっているタイプもある。

主にシャッドテールや、カーリーテールとのコンビネーションで使われる。

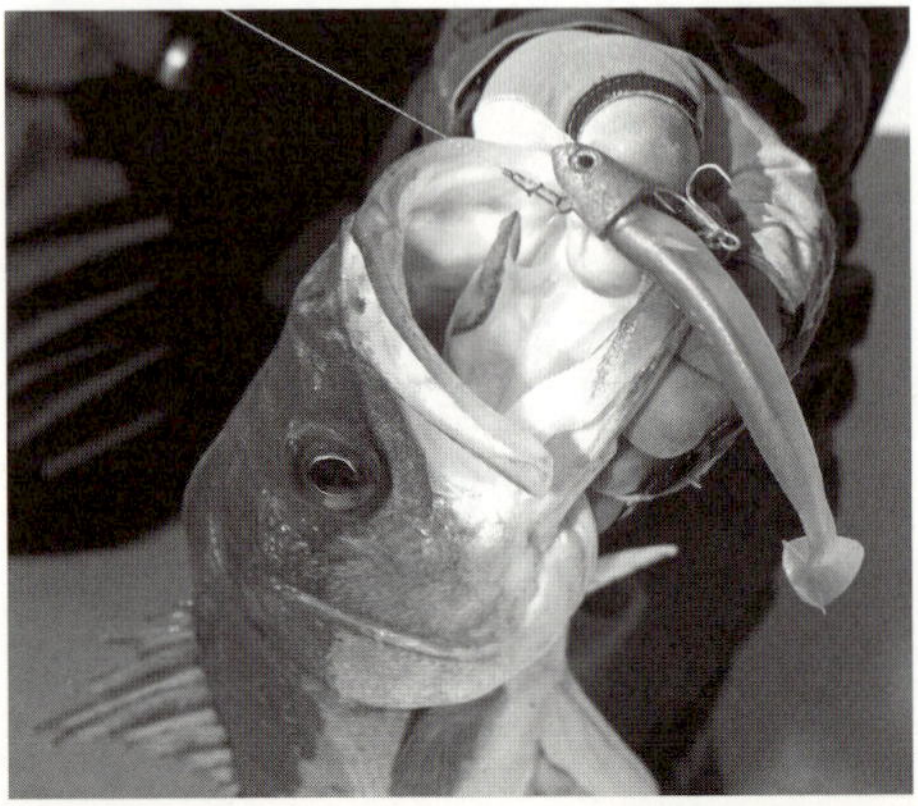

スイミングヘッド

●ドーターヘッド

ヘッド先端に向って円錐状をしている。ソルトウオーターゲームではスイミングジグヘッドとして最も多く使われている。フックが防錆処理された専用タイプもあるので、使い勝手がよい。

組み合わせは万能だが、特にストレートワームとのコンビネーションでは繊細なアクションが生かせる特長を持つ。

■ターゲット別ルアーサイズ表(g)

シーバス	5～25
メバル	0.4～3
ロックフィッシュ	5～20
フラットフィッシュ（ヒラメ・マゴチ）	7～25
アジ	0.4～3
クロダイ	5～15
ショアジギング（青もの）	20～30
ライトミノーイング（メッキ・カマス・シマイサキ）	1～3
タチウオ	15～25

●フットボールヘッド

フットボールを横型に置いた形状のヘッドを持ち、ボトムでのワームの姿勢が最も安定している。このため、ボトムをズル引きするフラットフィッシュねらいなどに使用される。ホッグワームやシャッドテールとの組み合わせで相性がよい。

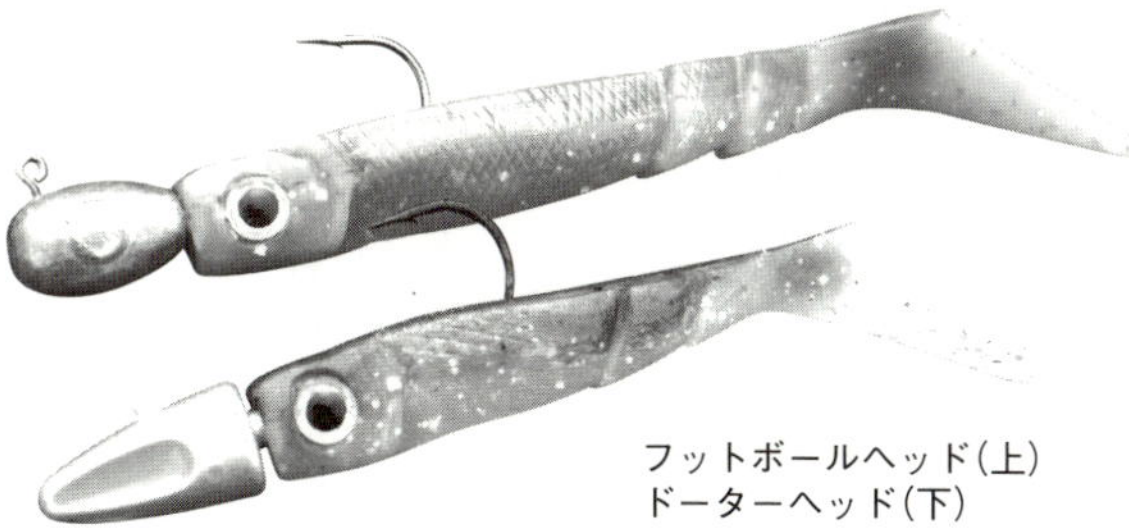

フットボールヘッド（上）
ドーターヘッド（下）

●ワインドヘッド

ワインドというロッドをあおることで左右へリグが水中を俊敏に動くメソッド専用のジグヘッド。ヘッド上部が水を切りやすいように斧のような形状をしている。ヘッドから伸びるワームを刺す部分はフックではなく、段差のある直線的な金属で、フックはジグヘッドの下部に設けられたアイ（金属の輪）にトリプルフックをセットして使う。ワームもやや硬めでワインド専用の形状をしたものとの組み合わせがよい。

ワインドヘッド

ジグヘッド以外のワームのリグ

ワームを使う上では、ジグヘッド以外にも仕掛け(リグ)がいろいろとある。根掛かりしにくいなど、メリットは多い。

対象魚によっても向いているリグは異なる。ジグヘッドリグだけに頼りすぎず、積極的に活用することでターゲットとの出会いも増えるし楽しさも増す。

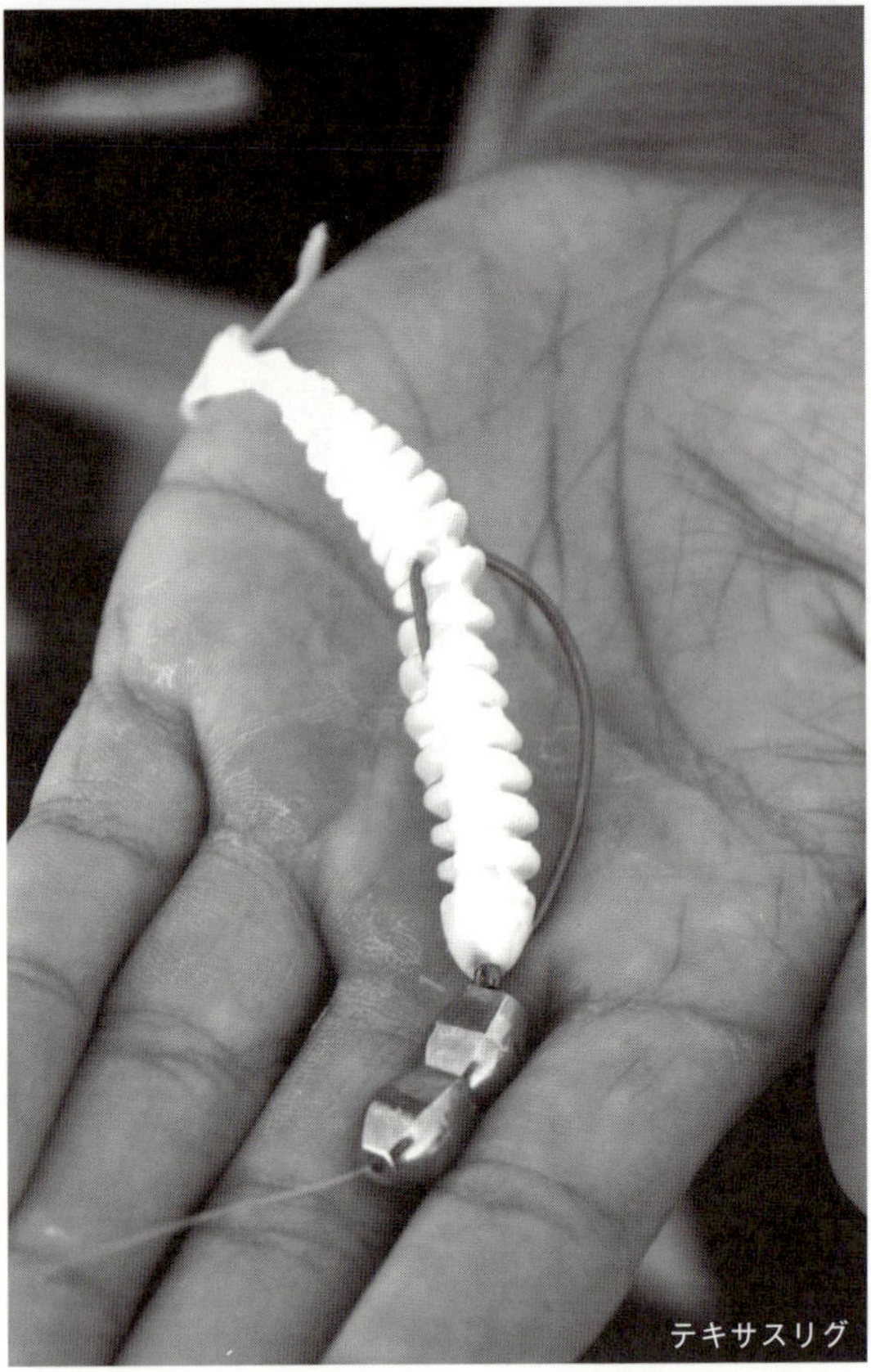

テキサスリグ

【代表的なリグ】

●テキサスリグ

ワームシンカーを使うリグとしては最も多用されるリグで、オフセットワームフックやストレートワームフックとの組み合わせが一般的。ワームシンカーにメインラインもしくはショックリーダーを通し、ワームフックに結びつけるだけのシンプルなリグだが、遊動式のシンカーとフックの先端をワームに刺してセットするので、ジグヘッドよりも根掛かり回避能力が高い。

岩礁帯でのロックフィッシュねらいには必要なリグである。大きくリフト幅をとって岩礁の陰からも見えるようにリフト&フォールでねらうとよい。

●ノーシンカーリグ

名前のとおりシンカーを使わず、フックにワームを刺してラインに結んだだけの非常にシンプルなリグ。ワームの比重がリグの浮き沈みに直接影響する。スローシンキングなナチュラルフォールでバイトをねらうなら比重の大きなワームを選択する。バチ抜けなど表層ねらいには、浮くワームを選ぶとよい。重いリグではないので、柔らかいしなやかなロッドで使うのに向いている。

多用するのは春のバチ抜けシーバス。ゆっくり引き波を立てながら水面を引いてくる。

ダウンショットリグ

●ダウンショットリグ(アンダーショットリグ)

　このリグは一番下にくるのがシンカーで、ナス型オモリや、ダウンショット専用のシンカーを用いる。シンカーから伸びたラインの上方15㎝～1mの位置にシングルフックを結ぶ。このフックはオフセットワームフックが一般的だが、小型のフックをあえて選択し、ワームのアクションを生かす方法もある。

　シンカーからフックまでの距離の基準はボトムの質によって変わってくる。砂や粘土質のボトムでは、15～40㎝でボトムに定位するフラットフィッシュなどにアピールできるが、段差のあるゴロタや海草がまばらに生える状況では50㎝以上の距離がないとアピールが弱くなってしまう。

　ボトム付近を浮かせてトレースする(引く)ことができるのがこのリグ最大のメリットだろう。

●スプリットショットリグ

　ラインにガン玉やワリビシ、スプリットショットシンカーなどと呼ばれる、割れ目の入った小粒のシンカーを、ワームフックのアイから20㎝以内に付けたリグ。シンカーを中心に沈む、動く、のアクションをするリグである。ノーシンカーリグで飛距離が不足する場合に、このシンカーを足して飛距離を伸ばすために使われることもある。メバルやアジなど、フックとワームが小さく重量がない場合などにも多用するリグである。

スプーン

使い方の基本

スプーンはあまり急激なアクションをしない限り、ステディリトリーブ、トゥイッチ、ジャークのいずれにも機敏に反応してターゲットにアピールできる。リフト＆フォールではリフトでテールを振り、フォールでヒラヒラときらめくことでバイトを誘う。

■ターゲット別ルアーサイズ表(g)

シーバス	10～15
メバル	1～5
ロックフィッシュ (カサゴ・ソイ・アイナメ)	3～10
フラットフィッシュ (ヒラメ・マゴチ)	15～20
アジ	1～5
クロダイ	5～10
タチウオ	10～15
ライトミノーイング (メッキ・カマス・シマイサキ)	1～5

使い方のコツ

ソルトウオーター専用のスプーンは少なく、トラウト用のシングルフックや、淡水使用向けのフックが付属していたりする。この場合海用の錆びにくいフックに交換したほうがよい。スイミングアクションを見ながら、好みのアクションをするソルト用のトリプルフックをセットすることで、フッキング率も大幅に上がる。透明度の高い岸壁でリフト＆フォールしてみれば、魚の反応がよく見えてフックとのバランスも取りやすい。

MERIT

高速リトリーブを得意とするメタルジグに対して、スローでねらえるのがスプーンの強み。形状によってテールの振り幅が違ったり、ロールアクションを伴うものもある。好みのアクションとレンジを引けるスプーンを見つければ、いろいろな魚が反応してくれるので楽しさも増える。

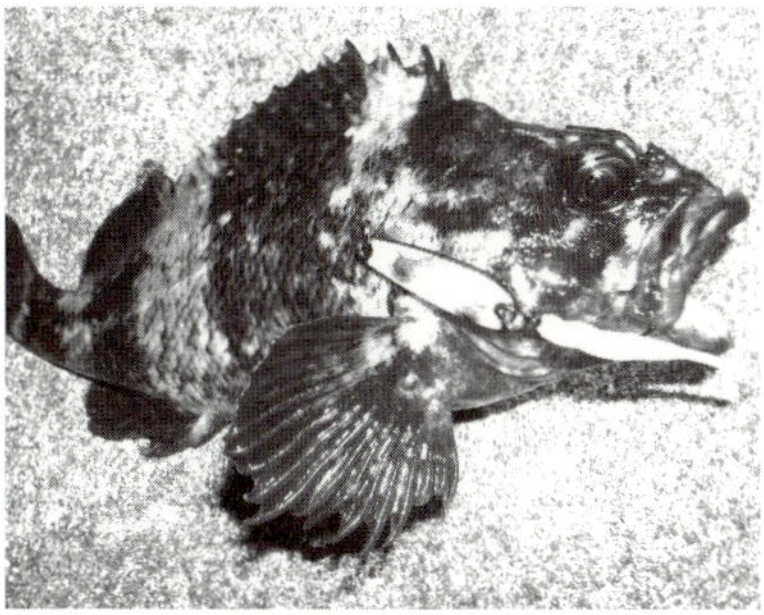

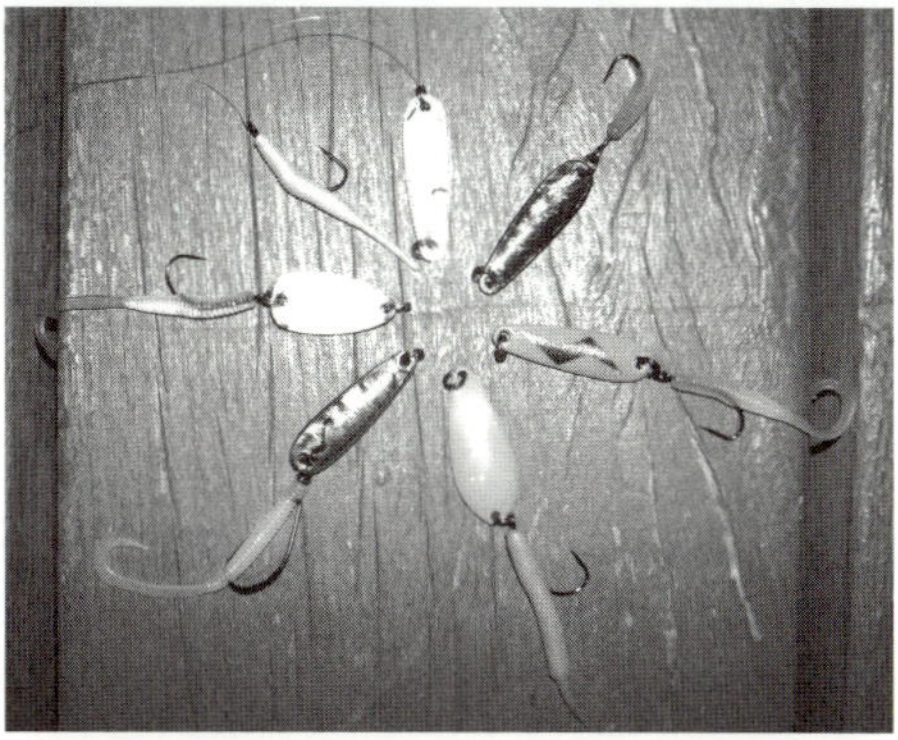

スプーンは、食事をする時に使うスプーンの先端部の形状に近いルアーで、金属製のものが大多数である。ルアーフィッシングの歴史の中では最も古い部類のルアーで、「湖で食事をしていたアングラーが誤ってスプーンを水中に落としてしまったところ、きらめきながら沈んでいくスプーンに魚が食いついた」ことから使われだしたともいわれている。

トラウトフィッシングでは定番のルアーなのだが、ソルトウオーターではあまり使われていない。釣れないからではなく、ソルト用の商品が少ないからあまり使われないだけで、実際には多魚種にアピールできる素晴らしいルアーだ。

スプーンはリトリーブにより、フックの付いたテールを規則的に振る。このテールを振るアクションの引き重りを一定に保つことで同じレンジを引くことができる。

5g未満の小型スプーンはメバル、カサゴ、ソイ、カマス、メッキなどの小型人気ターゲットがねらえ、10～15g前後の中型スプーンではシーバス、ヒラメ、マゴチなどがねらえる。

餌《エ》木《ギ》・シャロータイプ

使い方の基本

シャロータイプの餌木の多くはサイズにもよるが、アオリイカによく使われる３・５号で15～18gのものが多い。基本的にはゆっくり沈む設定が多く、シャクリのあとはフォールさせる。このフォールでイカが抱きつくことが多いのでラインの変化に注意したい。

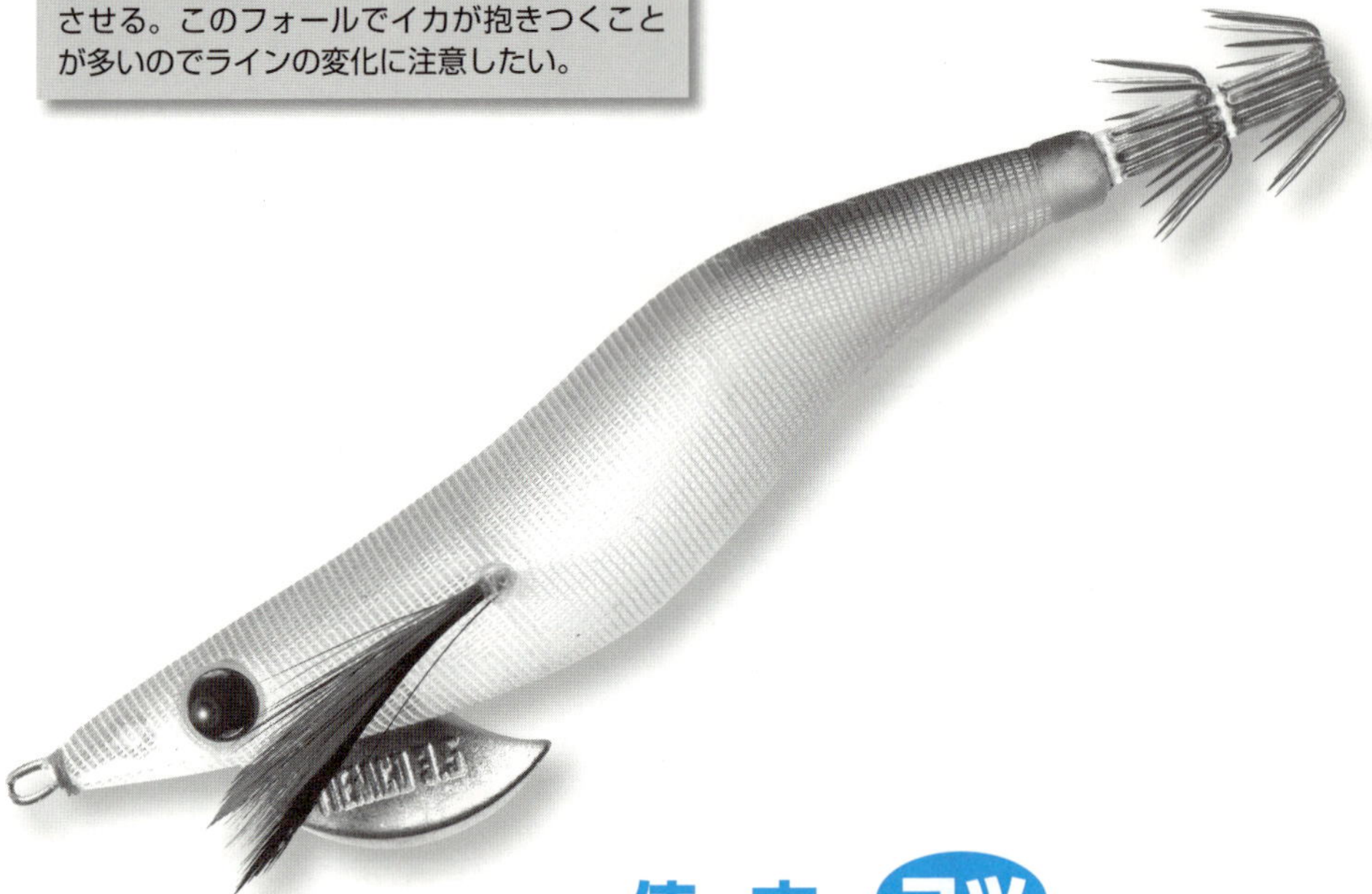

使い方のコツ

エギングはシャクリとフォールの繰り返し。この繰り返しの中でひとつ大きなコツがある。それはスラックと呼ばれるラインのたるみを上手く使うことだ。ピンと張り詰めたラインの状態で餌木をシャクッても、魅惑のダートアクションは生まれない。スラックの残る状態で素早くロッドを起こすシャクリはスラックジャークと呼ばれ、大きなダートを生み出す。これがイカの捕食スイッチを入れ、餌木に興味を抱かせるきっかけになるのだ。

MERIT

シャロータイプの餌木は、ウエイト設定が軽くスローなフォールが可能。これがナチュラルなアピールとなりイカを誘う。また、水深が浅い場所、活性が低いときなどに活躍する。

餌木とは、もともとは木製の軸に布などを巻いた和製の擬似餌で(現在の市販品はプラスティック製が主流)、漁師の漁具として使われていた。近年はこの餌木を使って、アオリイカをはじめとするイカ類をねらうエギングが流行している。

餌木も他のルアー同様種類が多い。基本的なアクションのほか、多彩なカラーに加えて、沈下速度の違いがある。沈下速度が速く深いエリアを探るディープタイプの餌木も発売されている。

もともと漁具であったことから、タイプを分けるのに、地名などを冠した○×型という名称を用いることが多い。ベーシックな餌木の形として挙げられるのが大分型。尻上がりで反ったボディーのタイプは、シャクリ(ロッドをあおること)でイカにアピールするダートといわれる俊敏な横移動が得意で、フォールの姿勢もよいことから今日では餌木の基本的な形のひとつになっている。

餌木・ディープタイプ

使い方の基本

　基本的な使い方はシャロータイプと同じだが、重量が重いぶんだけ沈降が早い。これをカーブフォールなどでラインテンションを調整して和らげて使うのもよい。

　シャクリでのアクションも重たいぶん鈍くなっているので、適度なスラックをリールで調整してシャクるとよい。堤防際など、餌木のアクションが見える状態で動きのチェックをしておくと水中でのイメージがしやすい。

使い方のコツ

　ボトムまでの到達速度が速いので、縦方向での誘いを繰り返しても短時間で探ることができる。ボトムから探る途中の中層で反応が多いなら、シャロータイプの餌木と交換してじっくりフォールで誘ってやるのも効果的。それぞれの特徴を生かすことでキャッチも多くなっていく。

MERIT

エギングの基本は、餌木を一度ボトムに着底させてからリトリーブやシャクリを入れること。ウエイトのあるディープタイプを使えば、これまで着底させられなかった深場や、潮の流れが速いポイントの攻略も可能になる。

つい最近まで餌木はゆっくりフォールするのがよしとされてきた。これはフォールでのバイトが多いことから、ゆっくりイカに見せて抱きつかせようということなのだが、近年のエギングブームによって餌木はめまぐるしい勢いで進化を続けている。

ディープタイプの餌木はシャロータイプよりも重量があり、ボトムまでの到達時間が短い。多少潮流が速くても、流されてポイントを通過する前にきっちりねらうレンジまで沈められる。同様に、風が強くてシャロータイプの餌木では着底が分からない状況でもボトムを感知しやすい。

ボートを用いたティップランと呼ばれるエギング用もディープタイプではあるのだが、これらは30g以上のものが多く、ショアからのキャスティングではやや扱いにくい。3・5号で20〜25g程度のものが、キャスティングでディープゾーンをねらうには適しているようだ。

その他のルアー群

ルアーの種類は膨大だ。ここまで紹介してきたカテゴリーには収まらないものも多い。それらの中にも、秘めたポテンシャルを持つ個性派ルアーが数多く存在する。特徴を知って上手に活用すれば、大きな武器となる。

ジャークベイト

ジャークをロッドワークで繰り返すことにより、左右に規則的もしくは不規則なダートとキレのよいロールによるフラッシングを見せることを得意とするタイプのルアー。視覚的なアピール力は強烈。リップはあるものとないものがある。

ジョイントシンキングペンシル

シンキングペンシルのS字アクションながら、ジョイントされたボディーが柔らかい軌跡でターゲットをバイトに導く。ジョイントされていないタイプとはスイミングが大きく異なるので、使い分けることで反応の違いも得られる。

シリコンルアー

プラグの多くが硬質プラスティック製であるのに対して、表面もしくはボディー全体がシリコンでできているルアーのことを差す。表面が軟らかく、水流がルアー表面にまとわりつくことによる艶めかしいアクションが魅力。サイレント性能も高く望めるので、スレた都市部のシーバスにも有効なアイテム。

ジグミノー

メタルジグのように飛び、ミノーのように泳ぐことから飛距離を必要とされるフィールドでミノーの代わりに使われることが多い。テールフックのみのタイプや、バラシ防止にテール＆フロントフックともにセットされたタイプもある。重量は30ｇ前後で、シーバスタックルならばヘビータックル相当でのキャスティングに適する。

特殊なペンシル

トップウオーターのペンシルベイトとは異なり、リトリーブすることでヘッド部をはじめボディーが水を受け、水面直下～40㎝程度潜行するものもある。基本的にはS字アクションだが、フローティングならではのレスポンスのよいロールアクションを伴うルアーもある。

リトリーブスピード

リールを巻く速度の違いはルアーの動きに直結している＝釣果にも大きく影響することを覚えておこう。

リトリーブスピードとは、文字どおりリールを巻く速さのこと。「リールを巻く速度は特に深く考えたことがない」というビギナーもいるかもしれないが、多くの場合、ねらう魚によってそれぞれ適したリトリーブスピードがある。釣りをするときに「今、これくらいの速さで巻いている」という意識を持つことが大切だ。

リトリーブスピードを表わす言葉はいろいろとあるが、ルアーフィッシングでよく使われるのは以下のとおり。「デッドスロー＝極めてゆっくり」、「スロー＝ゆっくり」、「ミディアムスロー＝ややゆっくり」、「ミディアム＝中くらい」、「ファスト＝速く」。とりあえず、ここに挙げた5通りくらいは知っておいたほうがよいだろう。

しかし、この速度の表現からも分かるように、リトリーブスピードはかなり主観的なものであり、絶対的な尺度がない。ある人のいうスローは他の人のミディアムスローかもしれないし、また別の人がいうところのデッドスローの可能性もある。目の前で実演してもらえれば一目瞭然だが、言葉による表現だけでは実にあいまいで、正確なスピードはつかみにくいという実情もある。

幸いにして、最近はDVDやインターネットなどで、手軽に釣りシーンの動画を見ることができる。そこでこれらの映像を通じて、リーリング中のハンドルの動きから実際の速度を推し量ってみるのが最も確実な方法といえる。リールの違いによる差はあるにしても、その釣りにおけるリーリングスピードの目安を知るよい目安になる。

もうひとつ、リトリーブスピードがルアーに与える影響も忘れてはいけない。

基本的にルアーはゆっくり巻くとゆったりとした泳ぎをするし、速く巻けばキビキビした泳ぎとなる。さらに速く巻きすぎると暴れだし、本来のアクションを失ってしまう（ルアーが泳がない）。これでは魚に警戒されてしまい、結果、釣れないということになる。

このことから、個々のルアーがアクションする最低速度をデッドスロー、暴れ出すギリギリ手前の速度をファストとしてとらえることもできる。そうなると、リトリーブスピードに絶対的な基準がないということも理解しやすい。

使うルアーがどのくらいのリトリーブスピードまで泳いでくれるのかを知っておくことは、とても大事だ。それには、日中などの目視できるときにルアーの泳ぎ方も含めてスイミングチェックしておくとよい。

ちなみに、1回転で巻けるラインの長さはリールごとに違ってくる。自分が使うリールの巻き上げ長を知っておくことも必要だ。リールによっては1回転で20㎝ほど変わることもあるので、その影響も頭に入れておきたい。

リトリーブスピード

ゆっくり巻くとゆったりと泳ぐ

ユラ〜
ユラ〜

速く巻くとキビキビ泳ぐ

速く巻きすぎると暴れてしまい泳がない

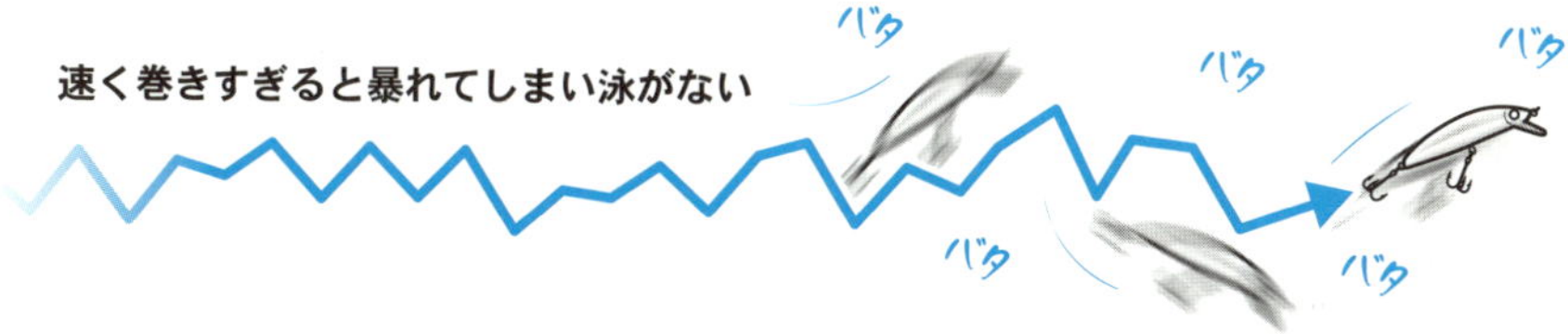
バタ
バタ
バタ
バタ
バタ

ゆっくり巻くと……

あれはエサじゃないよな
ちょうど食いやすい

ゆっくり巻いたほうが食いやすい場合もあれば、ルアーを見切られる場合もある

速く巻くと…

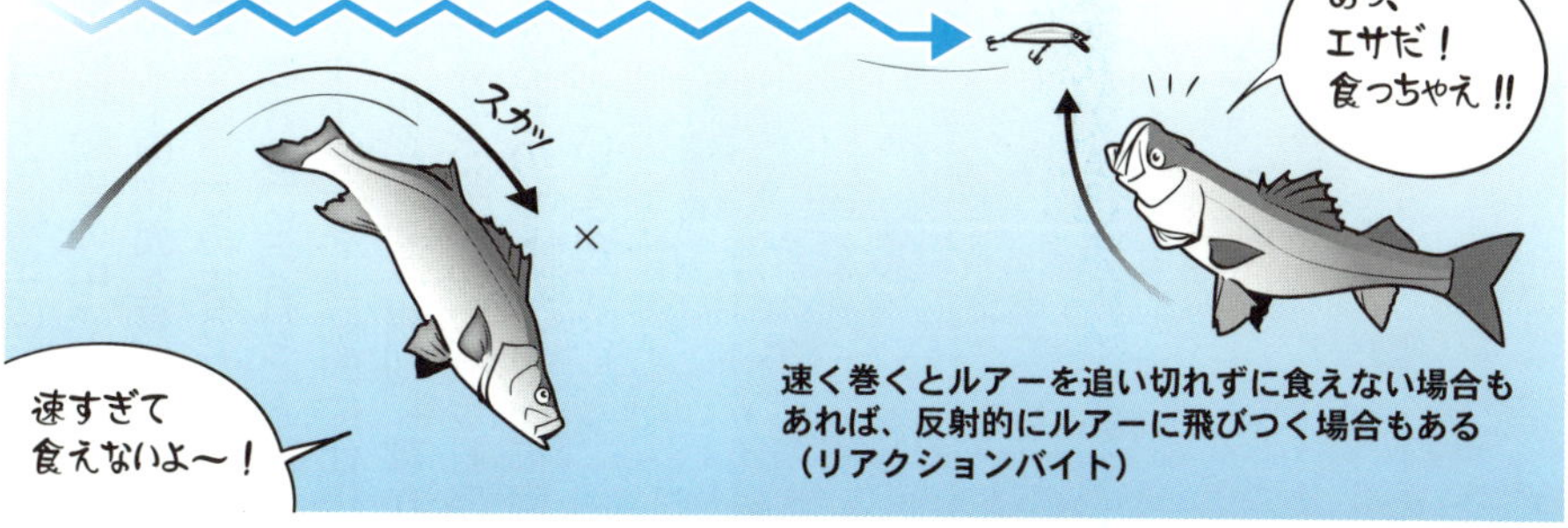
スカッ
あっ、エサだ！食っちゃえ!!
速すぎて食えないよ〜！

速く巻くとルアーを追い切れずに食えない場合もあれば、反射的にルアーに飛びつく場合もある（リアクションバイト）

トゥイッチ

意図的にルアーをアピールしたり、食わせるチャンスを作るための代表的かつ基本の操作。細かい不規則なルアーの動きがターゲットを刺激する。

一定の速度でリールを巻く(リーリング)ことを、ルアーフィッシングでは、ただ巻きと呼ぶ。ただ巻きでも多くのルアーはアクションするし、魚にしっかりアピールすることができれば充分釣果を得られる。しかし、どうしても単調なただ巻きではルアーを見切られやすい面もある。

そこで釣り人側からより意図的にルアーをアピールしたり、食わせるチャンス(食わせの間)を作るために、ルアーにアクションをいれる。その代表的なものがトゥイッチだ。

トゥイッチは、小刻みにロッドを動かしながらリーリングを行ない、ルアーをイレギュラーに動かすことで、言葉の意味は「急に引っ張る、ぴくぴく動く、ひきつる」など。まさに小刻みな動きをルアーに与えることがトゥイッチであり、このアクションを入れることを「トゥイッチング」と呼んだりもする。

ロッドを動かすことでルアーに何かしらの動きを与えようとするシーンはルアーフィッシングの中では普通に見られるが、トゥイッチで目差すのは、ルアーがちょこまかと左右に細かくイレギュラーに動く状態。ロッドの動きが小さいことから、ワンアクションごとのルアーの動きは小さいが、それが連続的に起こるので小刻みに右に左にと不規則に動くような見た目になる。ルアーフィッシングで相手にしている魚たち=フィッシュイーターは、この細かく不規則な動きに刺激されてルアーに反応してしまう。

トゥイッチは基本的にはミノーで使われるテクニックだ。そして、どんなミノーでもある程度はイレギュラーな動きを見せるものの、ルアーによって向き不向きもある。もちろんトゥイッチに向いているミノーで行なったほうが釣果は上がりやすい。

トゥイッチが得意なミノーは、イレギュラーな動きにキレがあり、小刻みな動きの中で「ヒラリ」と一瞬ルアーの側面を見せるような動きをする。このような身をひるがえす動きは「ヒラ打ち」と呼ばれる。トゥイッチを連続的に仕掛けたとき、ルアーが不規則に細かく動きながら、その中でヒラ打ちがよくでるものがトゥイッチに向いたルアーといえる。

トゥイッチによるアクションでヒラを打つとルアーがフラッシングしてアピールとなる

トゥイッチ

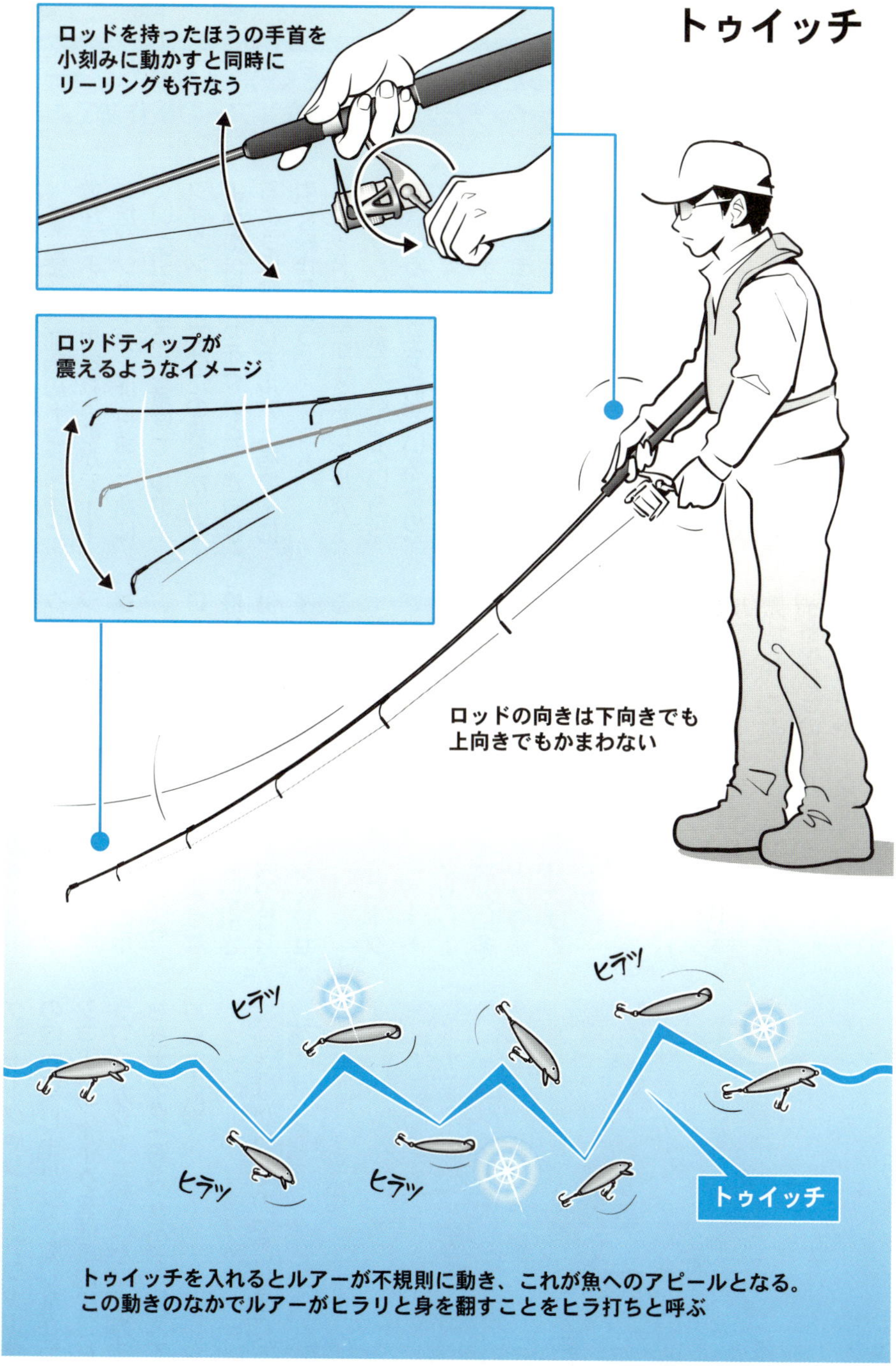
ロッドを持ったほうの手首を
小刻みに動かすと同時に
リーリングも行なう
ロッドティップが
震えるようなイメージ
ロッドの向きは下向きでも
上向きでもかまわない
ヒラッ
ヒラッ
ヒラッ
ヒラッ
トゥイッチ

トゥイッチを入れるとルアーが不規則に動き、これが魚へのアピールとなる。
この動きのなかでルアーがヒラリと身を翻すことをヒラ打ちと呼ぶ

ジャーク

ルアーをアクションさせるためにロッドを大きく動かす動作がジャーク。トゥイッチと並ぶ代表的なルアーの操作法である。

ルアーにアクションを入れる操作で、前項のトゥイッチと並んでよく活用されるのがジャークだ。ジャークとは英語で「急にぐいと引っ張る」の意味で、ルアーフィッシングではこの言葉が示すように、ロッドをぐいと引きつけるように動かしてルアーを急激に引く操作をいう。

ロッドを動かすことでルアーにアクションを入れるという点ではトゥイッチと似ているため、「ジャーク」と「トゥイッチ」は混同されやすいが、トゥイッチはロッドの動きが小刻みかつ連続的であるのに対し、ジャークはロッドの動きがより大きいという点が決定的に違う。また、ジャークはトゥイッチのように連続的に行なわれるだけではなく、ルアーを引いている途中で1回だけジャークを入れるというような使い方もよくされる。

ジャークはロッドの動かし方でいくつかの種類に分けることができる。長いロッドのストロークでルアーを引くことを「ロングジャーク」と呼ぶ。感覚的には、グーッとロッドを引く手元にルアーの水の抵抗を感じながら、ロッドを長く引いてくるような感じ。このロッドの長く強い引き付けでルアーは一気に加速され、イレギュラーなアクションを見せる。

逆に、比較的短いストロークで行なうジャークは「ショートジャーク」と呼ばれる。バイブレーションプラグを使うときなどに多用される方法で、リトリーブの途中で短めにロッドを振り上げてショートジャークを入れるのが一般的。これによって、それまで一定速度でリズミカルに泳いでいたバイブレーションプラグが、突然ブルブルッとイレギュラーな動きを見せる。このアクションで魚のバイトを誘うのだ。

また、ジャークはメタルジグの釣りでもよく使われる。ロングジャークやショートジャークのほかに、リーリングをしながらショートジャークを連続的に行なう「ジャカジャカ巻き」という方法も基本テクニックなので、覚えておくとよい。

海ルアーのトリセツ補講①

マッチ・ザ・ベイト

ルアーの選択時の指針となるのが〝マッチ・ザ・ベイト〟だ。これはフィッシュイーターが捕食しているベイトフィッシュにルアーを合わせることを意味する。捕食しているベイトの大きさにルアーサイズを合わせるのが一般的で、形や色も合わせるアングラーもいる。エキスパートともなると、アクションまで加味してルアーを選択していることもある。

ただし、あえてベイトからサイズをずらすことで魚へのルアーのアピール力を高め、リアクションで口を使わせるという考え方もあるので覚えておくとよいだろう。

ジャーク

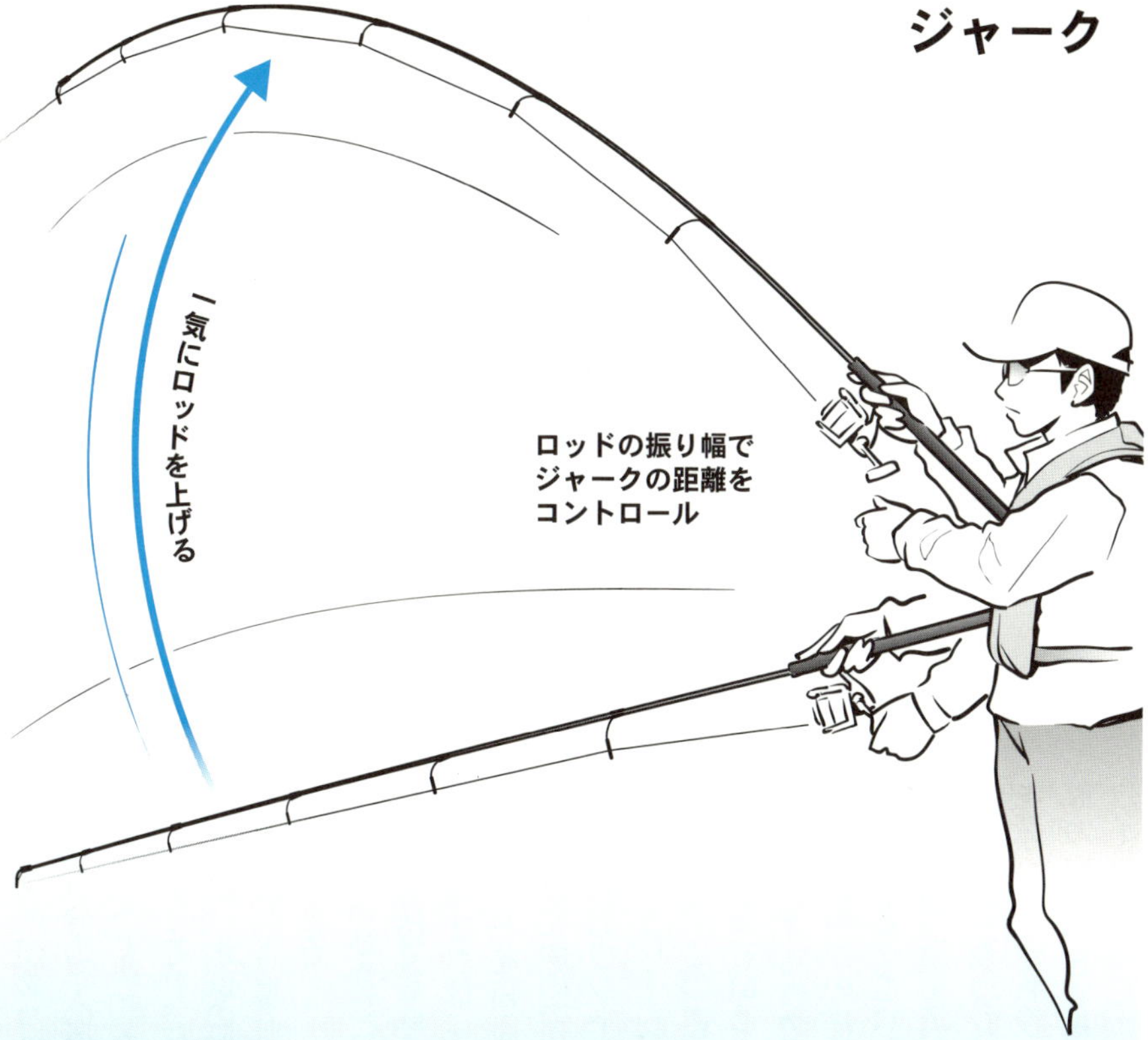
一気にロッドを上げる
ロッドの振り幅で
ジャークの距離を
コントロール

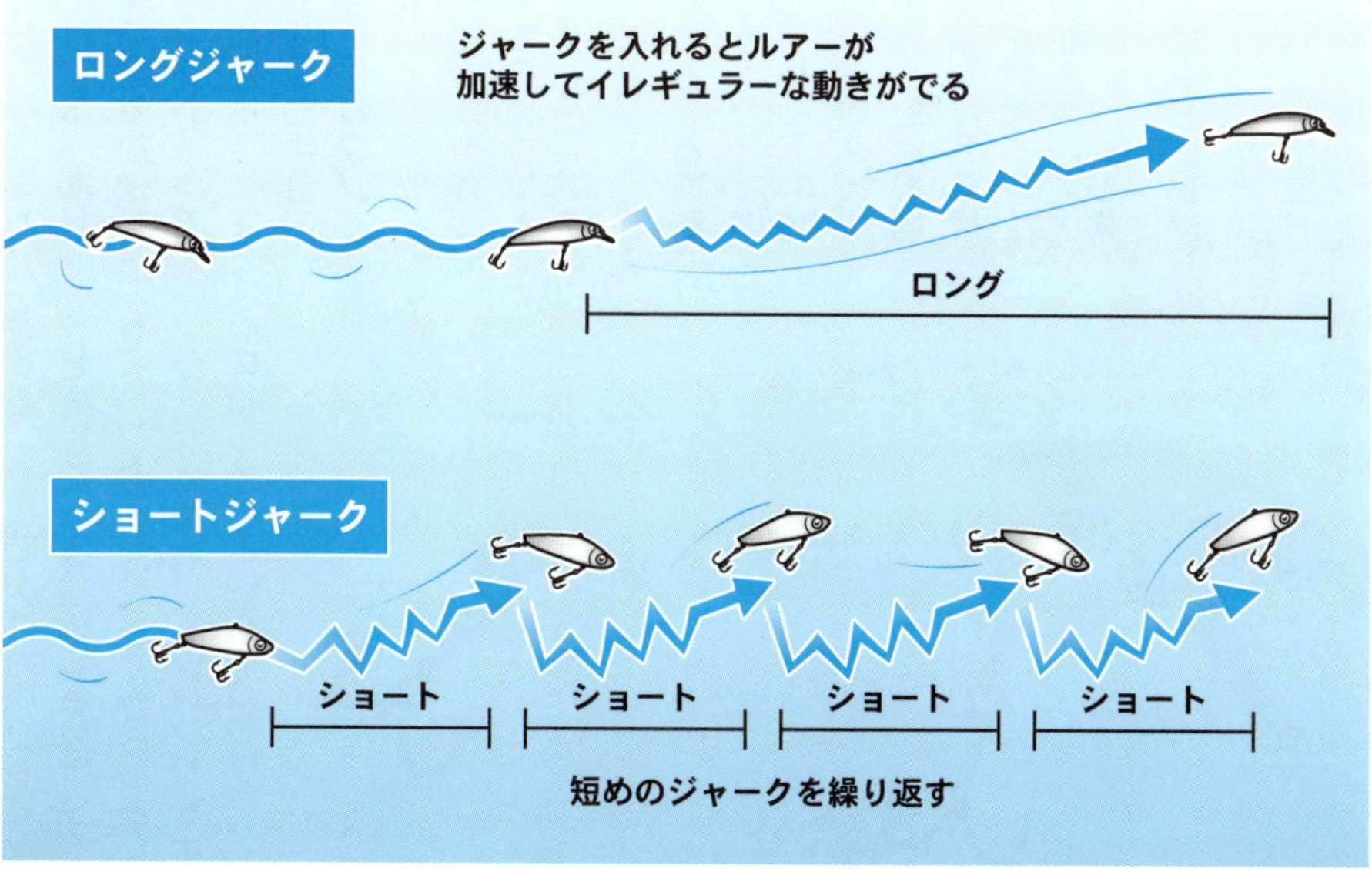
ロングジャーク
ジャークを入れるとルアーが
加速してイレギュラーな動きがでる
ロング
ショートジャーク
ショート
ショート
ショート
ショート
短めのジャークを繰り返す

カウントダウン

シンキングタイプのルアーを使うときに必須のテクニック。
着水からカウントすることでルアーをトレースするレンジを把握できるのだ。

シンキングミノー、バイブレーションプラグ、メタルジグのように自ら沈んでいくタイプのルアーをねらいの深さまで沈めるときに使われるテクニック。呼び名の由来は、ルアーを沈めるときの秒数を数える(＝カウントする)ところからきている。

ルアーをキャストしたら、着水と同時に1、2、3、4……と数を数えていく。このカウント数によって、どれくらいルアーが沈んだかを把握しようというのがカウントダウンのねらいだ。

カウントダウンでねらうレンジにルアーを通そうとするには、まずその場所の深さをしっかり把握する必要がある。そこで、ファーストキャストではルアーが着底するまで沈めるようにする。もちろんこのときカウントするのを忘れてはいけない。着底までのカウント数が把握できたら、そこからねらうレンジまでに必要なカウント数を逆算すればよい。

たとえば着底まで30カウントかかる場所があったとする。ボトムから3分の1の層を釣りたければ、キャスト後20カウント待ってからルアーを巻き始めるようにすればよい。水深のちょうど半分の中層をねらう場合は、15カウントで巻き始める。

また、あらかじめ水深が分かっている場所で着底までのカウント数を把握すれば、そのルアーが沈むスピードを知ることもできる。たとえば10mの深さのところで着底まで10カウントかかったとすれば、ルアーは1カウントで1m沈んでいる。このように沈むスピードが分かっているルアーを別の場所で着底するまで沈めれば、今度は未知の場所の水深を把握することができる。これもカウントダウンの有効な活用法だ。

カウントダウンはヒットレンジを探るうえでも役に立つ。たとえばカウント5で巻き始めたとき、バイトはあってヒットしなかったとする。そこで次はカウント4〜6を試してみる。もしもカウント6でヒットすれば、そこがヒットレンジとなるので、そのレンジを中心にねらえばよいというわけだ。

カウントダウンの代名詞ともなった、CD（カウントダウン）ラパラ。まさにその名が示すとおりのルアー

カウントダウン

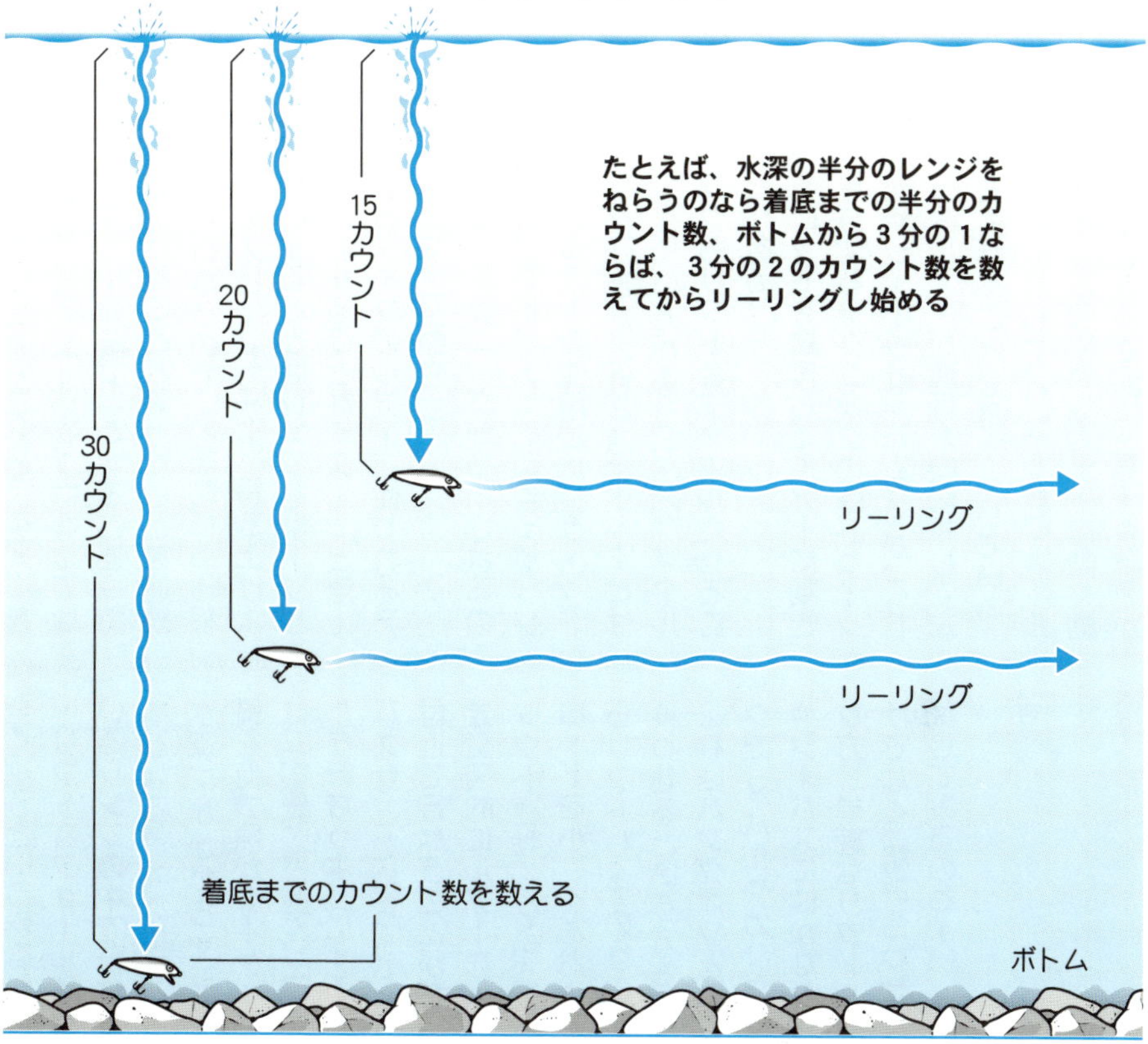
たとえば、水深の半分のレンジをねらうのなら着底までの半分のカウント数、ボトムから3分の1ならば、3分の2のカウント数を数えてからリーリングし始める
15カウント
20カウント
30カウント
リーリング
リーリング
着底までのカウント数を数える
ボトム

ヒットレンジ

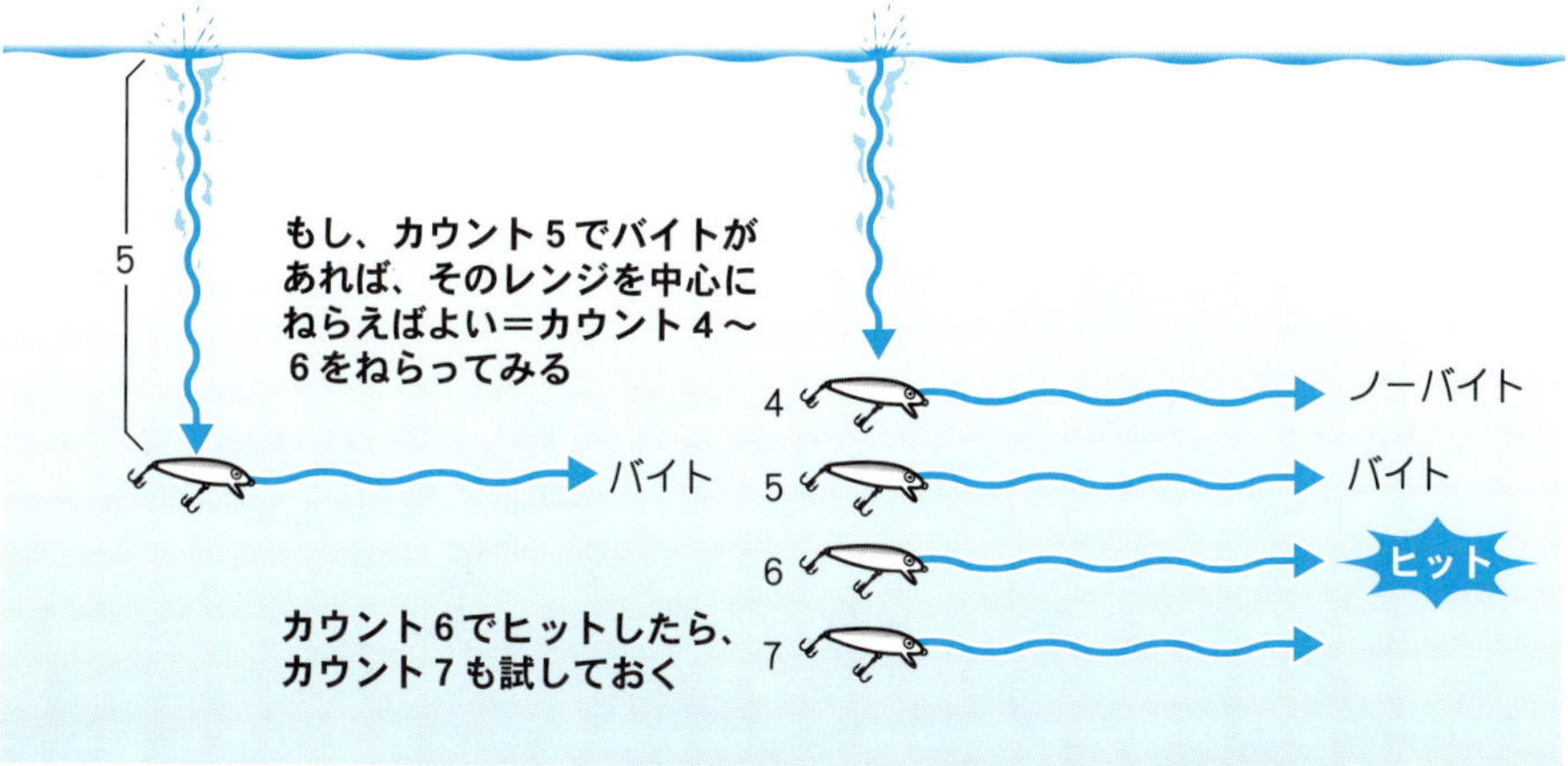
5
もし、カウント5でバイトがあれば、そのレンジを中心にねらえばよい＝カウント4～6をねらってみる
バイト
4
ノーバイト
5
バイト
6
ヒット
7
カウント6でヒットしたら、カウント7も試しておく

リフト＆フォール

ルアーの進行方向に対して上下の動きで魚を誘う。
トゥイッチやジャークとは違うアピールができる基本テクニックだ。

読んで字のごとく、ルアーをリフト（＝持ち上げ）してはフォール（＝落とす）すること。持ち上げることと落とすことを連続的に行なうので、必然的にある程度のスピードで沈み、持ち上げようとするときはレンジをキープしようとすることなくスーッと浮上するタイプのルアーで使われるテクニックである。

このテクニックが多用されるのは、バイブレーションプラグと、ソフトルアーを使用したジグヘッドリグ。またこれらのルアーとは少々使い方が違うものの、メタルジグもリフト＆フォールさせることがある。

ロッドを操作してルアーに動きを与えるテクニックにはトゥイッチやジャークなどがあるが、これらはルアーが進行方向に対して左右に動くことを基本としている。これに対して、リフト＆フォールは進行方向に対して上下に動く動きとなるので、魚に対する刺激が全く違うという特徴がある。

リフト＆フォールはねらう魚がいるレンジの中で行なうことが基本となる。メバルなどのように、水深にかかわらず浮いてくる性質を持つ魚がターゲットの場合には、中層や表層でリフト＆フォールを行なうようにする。一方、シーバスなどをねらうときはボトム付近で行なうことが多い。このとき意図的にルアーをボトムにコンタクトさせ、軽く引っ掛けてからロッドを小さくあおって外しながらリフトし、その後のフォールで食わせるという方法も効果的だ。これはハングオフというテクニックで、メバルやカサゴなどの根魚やシーバスにはかなり効果的な釣り方。単純なリフト＆フォールだけでなく、組み合わせて積極的に試してみるのもよい。

海ルアーのトリセツ補講②

ルアーアクションの速度域

ルアーアクションに関する大事な視点として、使うルアーがよいアクションをする速度域を理解する、ということが挙げられる。ルアーによっては、スローな速度域を得意とするものもあれば、逆に速い速度域だと抜群によい動きをするけれど、遅いと全く動かないというものもある。使い方・ねらい方によっては、あえてルアーを泳がない状態にしたほうがよいこともあるので、そういった点も含めて各ルアーの速度とアクションの関係をしっかりと把握しておくのはとても大切なことだ。

また、速度が遅いうちはウォブリングをみせるが、速度が上がってくるとローリングへと動きがシフトするというようなルアーもあるので、こうした特徴もしっかりと理解するようにしたい。速度によってアクションが変化するタイプのルアーは、アクションの変化を意図的に出すことで〝食わせのタイミング〟にすることもできたりする。このように、自分が持っているルアーのアクションをさまざまな角度から理解しておくことは、とても重要なことなのだ。

リフト＆フォール

ねらう魚がいるレンジで行なうのが基本で、メバルなどの浮きやすい魚の場合は中層、シーバスなどをねらうときはボトム付近で行なう。一般的には、リフトでアピールしてフォールで食わせるイメージだ

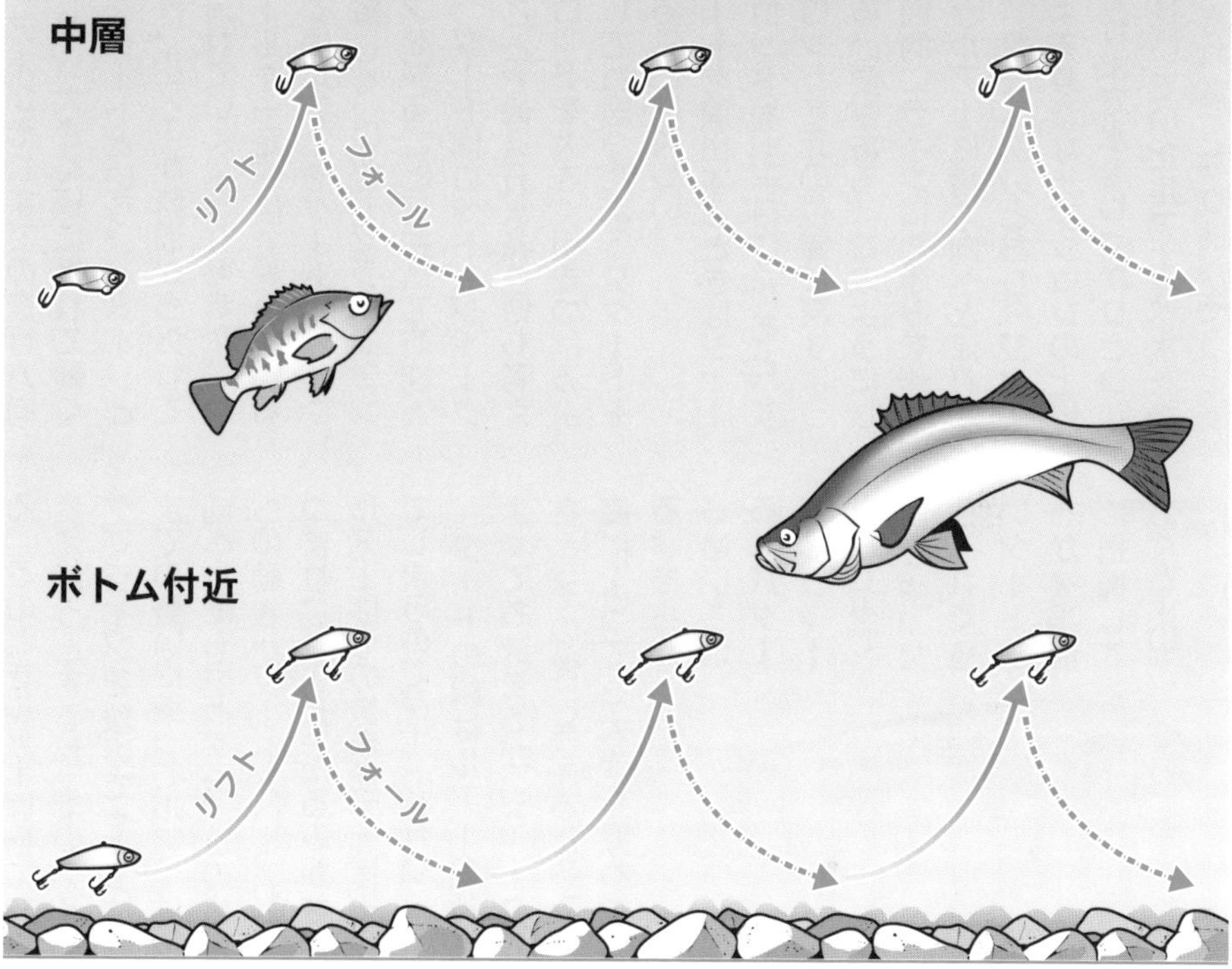

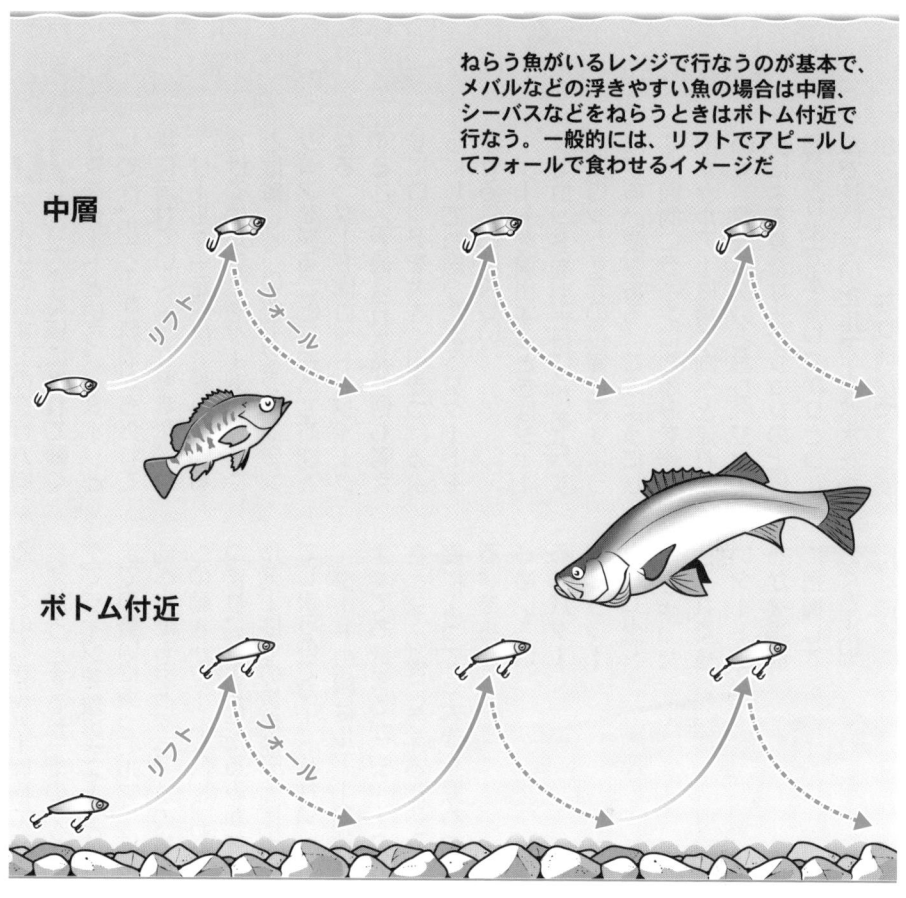

ハングオフ

意図的にボトムにルアーを軽く引っ掛け、根掛かりを外すようなイメージでリフトし、その後のフォールで食わせるテクニック。完全に根掛からないようにするのがコツ

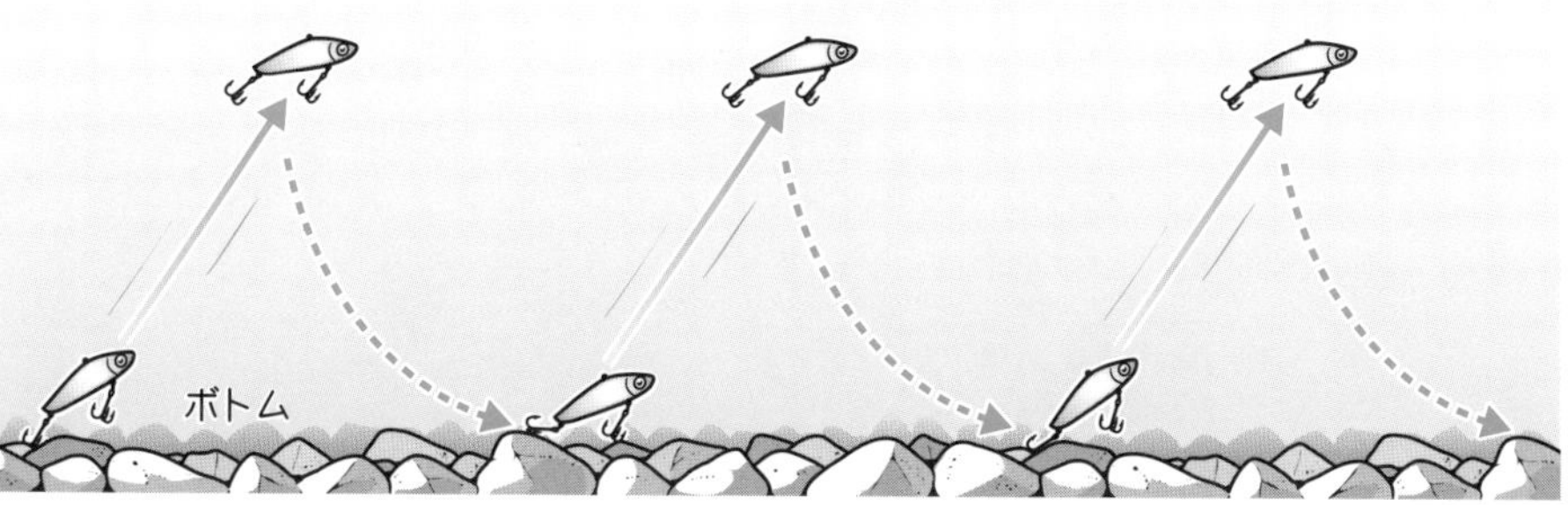

ダート

外敵から逃げようとしているような、横に逸れていく動き。捕食の本能をくすぐられたターゲットは、思わず飛びついてしまう。

ルアーがそれまでの進行方向から大きく横に外れて動くさまをダートという。イメージとしては、ルアーが軌道から外れて横に流れていくような動きだ。

リールを一定速度で巻いているだけではルアーをダートさせることは難しく、ロッドでラインテンションを操ることで初めて可能となる。ダートはロッドをジャークすることで得られるが、何も考えずにロッドを大きく引きつけるようにしても思ったようなダートをさせることは難しい。

ダートを演出するときはジャークでロッドを引き付けたあと、すぐにロッドを元の位置に戻すようにする必要がある。このようにして意図的にラインにたるみを作り出すとルアーは横方向へと流れていく。原理は次のとおり。ジャークによる急激なテンションの上昇で、それまで水をしっかりとつかんで泳いでいたルアーは、水をつかみきれなくなり逃がそうとする。このときルアーは横に向きを変えようとするが、そのタイミングでラインを緩めてやると、直前までの勢いに乗ってルアーは横方向へと進もうとする。この横方向への動きがダートというわけだ。つまり、ラインにたるみがないとルアーはそのまま前方向に引かれてしまうのでダートしない。

ダートの幅はルアーの特性によっても決まるが、ジャークの強さと、その後に与えるたるみの程度によっても大きく変わってくる。あらかじめいろいろなパターンでジャークしてみて、どうやったらどれくらいダートするかを事前に把握しておくとよい。

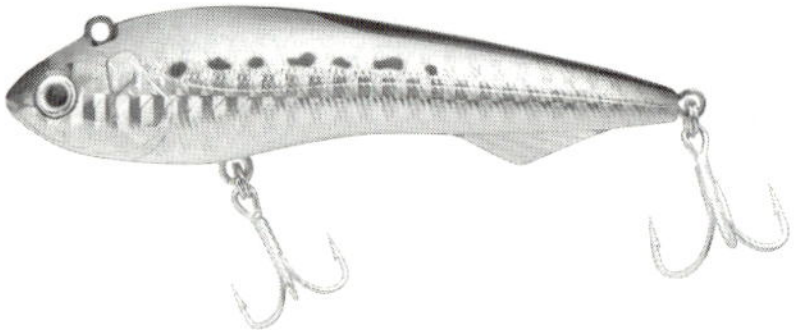

ジャークベイトと呼ばれるタイプのルアーは
ダートをさせて使うのに向いている

海ルアーのトリセツ補講③
レンジの重要性

ルアーフィッシングにおいて釣果を左右する要素はいくつもあるが、その中で一、二を争う重要な要素が、ルアーが通ってくる泳層、つまりレンジである。

フィッシュイーターは、一般的には自分よりも上を通ったベイトを捕食する傾向にあるので、ねらう魚よりも上のレンジにルアーを通すのが基本となる。ただし、いくら上といっても、魚からあまりに離れたところをルアーが通ってしまうと、よほど活性が高くない限りバイトを得ることは難しくなってしまう。そこでフィッシュイーターがバイトしてくる範囲内にルアーのレンジを合わせてやる必要がある。

これができるのとできないのとでは釣果に雲泥の差が出ることも珍しくなく、エキスパートの中には数㎝単位でレンジを気にするアングラーも少なくないのだ。

ダート

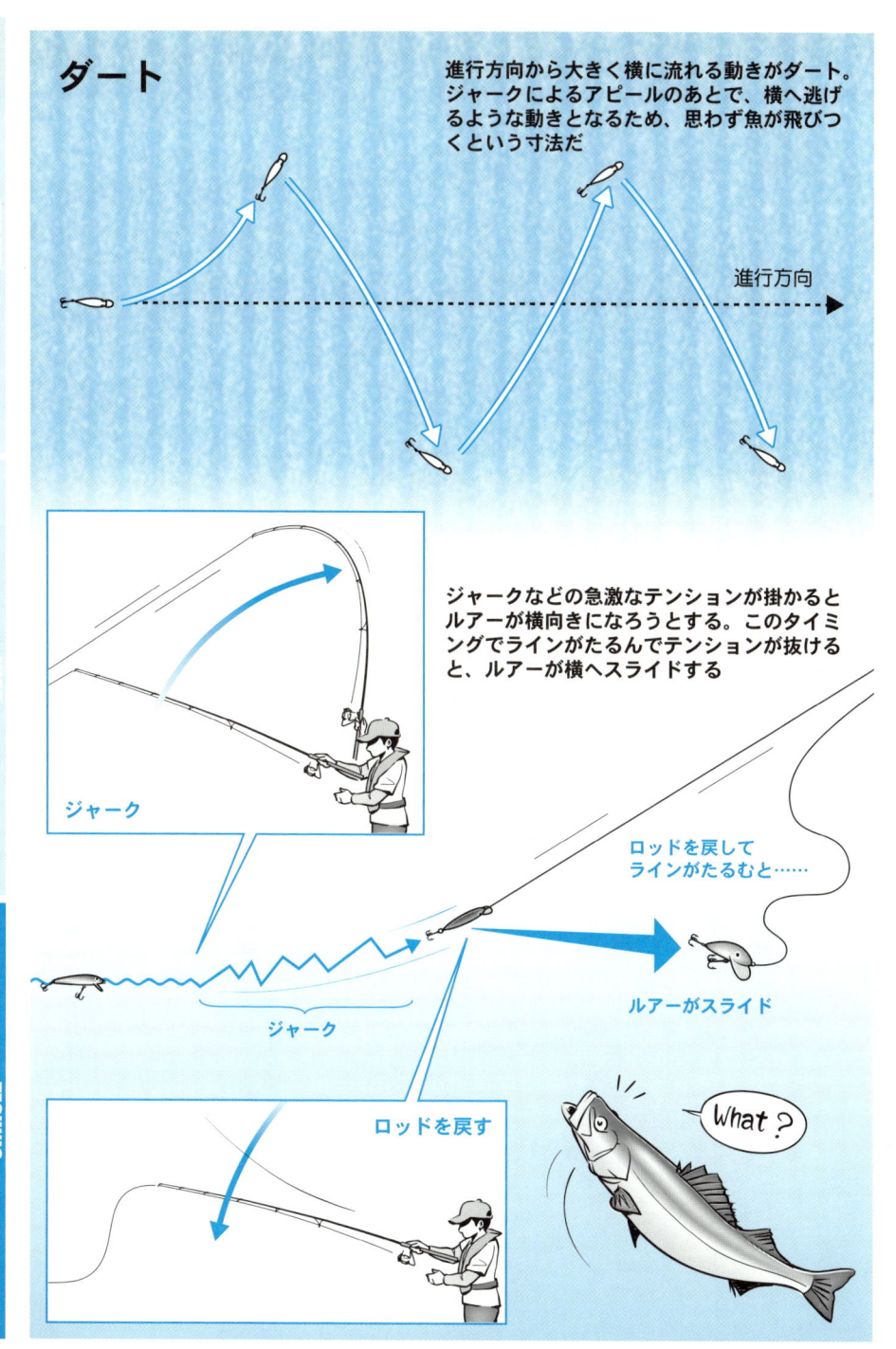

進行方向から大きく横に流れる動きがダート。ジャークによるアピールのあとで、横へ逃げるような動きとなるため、思わず魚が飛びつくという寸法だ

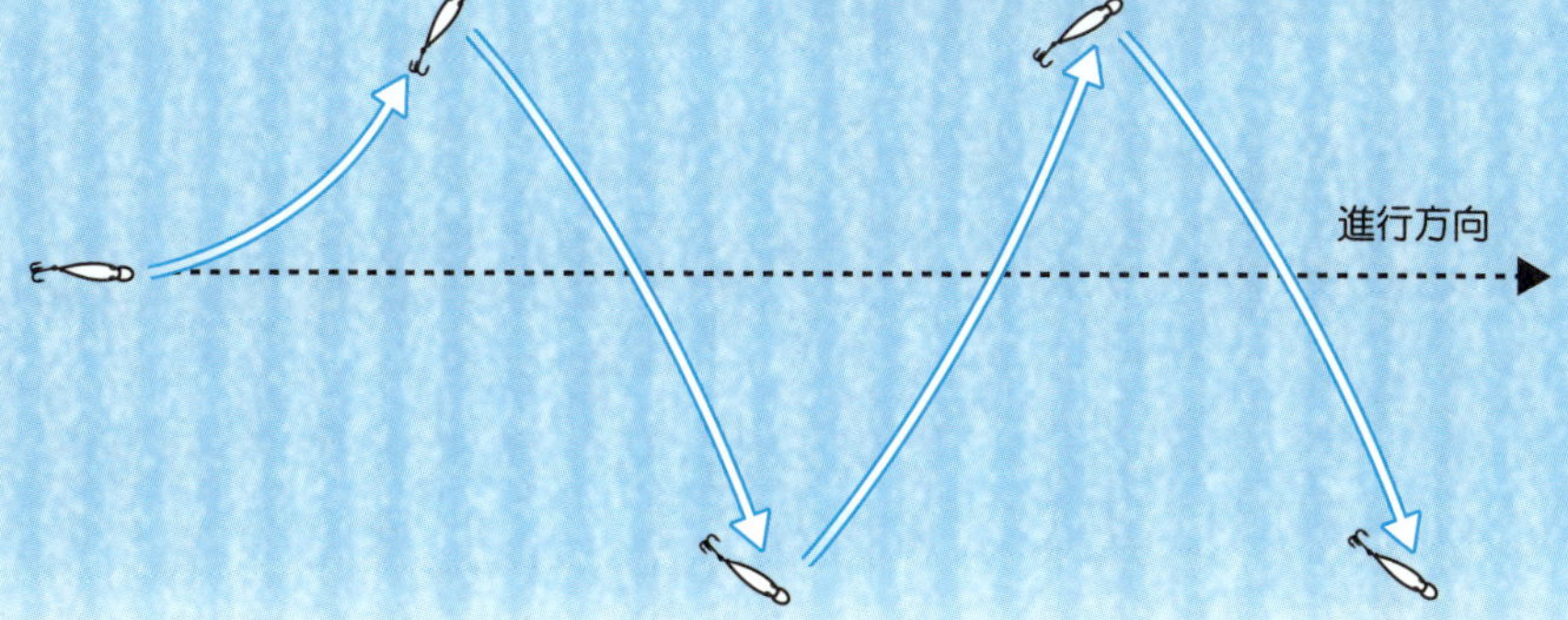

ジャークなどの急激なテンションが掛かるとルアーが横向きになろうとする。このタイミングでラインがたるんでテンションが抜けると、ルアーが横へスライドする

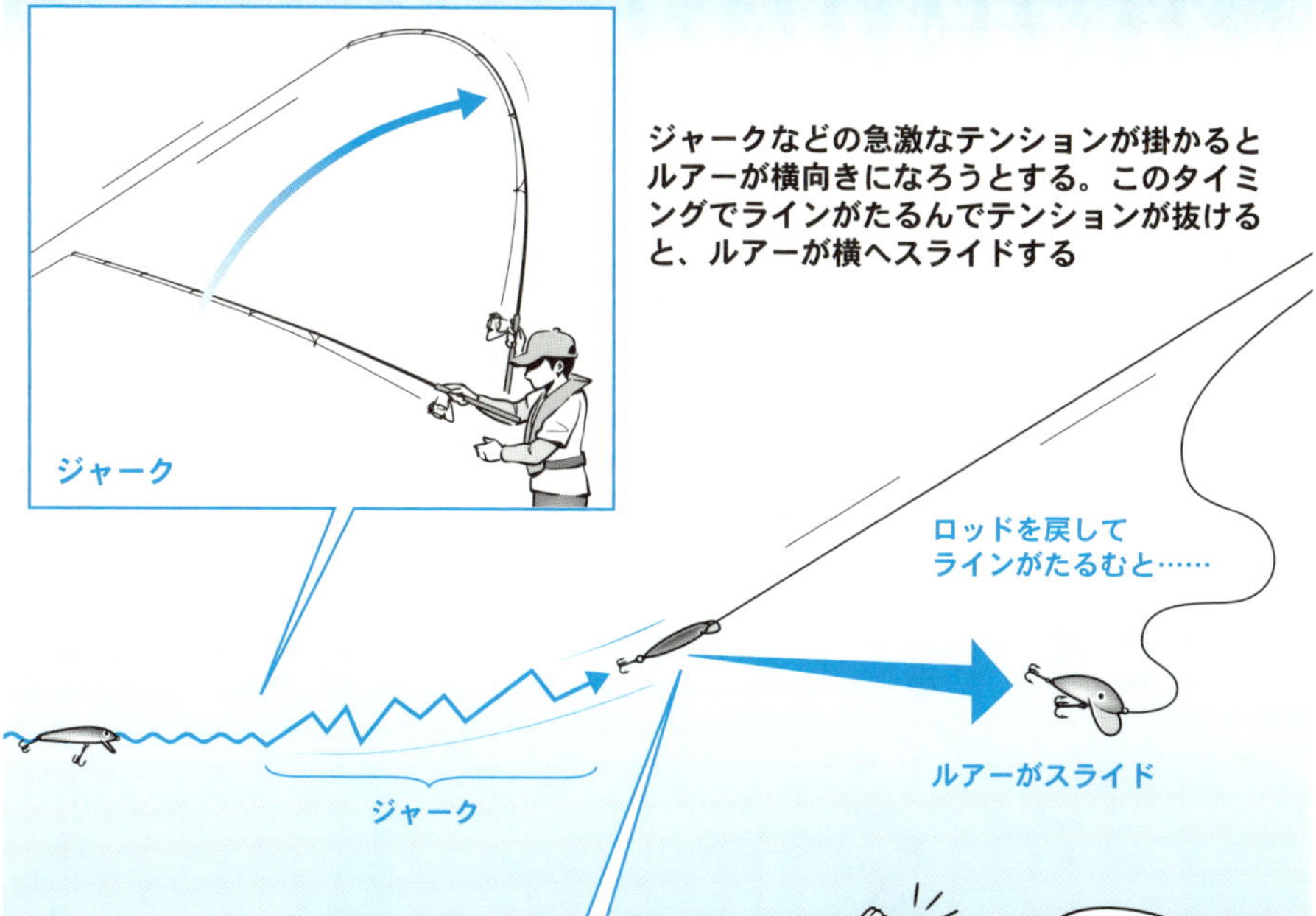

ボトムトレース

ボトムに付く根魚や底のベイトを意識したターゲットをねらう場合に活躍する、ワンランク上のテクニック。

ボトム（底）をトレースする（引いてくる）ことを示すので、一般的には底ギリギリのところを引いてくることを差す。もともとボトムにいる根魚をねらうときなどには、底ギリギリを引くのではなく、常にルアーが底に付いた状態で寄せてくるように釣ることが多いが、これを「ボトムトレース」ということもある。

　ボトムトレースを言葉でいうと非常に単純で簡単そうに思えるが、実際にはキッチリと足元近くまですることは難しい。しっかりと行なうには、中級者以上のスキルが必要である。

　ほとんどのルアーは、リールを巻いたり、ロッドを立てるなどしてラインにテンションを掛けると浮き上がろうとする。特に水深のある場所では、水面からボトムまでの間にあるラインも長くなり、そのぶん大きく潮の影響を受ける。さらに潮がある程度流れていると、極端なケースではリールを巻かなくても水中のラインが潮で引かれるのでリールを巻いたのと同じ状況になってしまい、ルアーは浮き上がってきたりする。

　この浮き上がりを防ぐには、ルアーの重量を上げて沈みやすくすればよいが、そうすると今度は根掛かりの発生率が高まる。ルアーが重くなるほどしっかりボトムとコンタクトしてしまうので、根掛りが起こりやすくなるというのはすぐにイメージできるだろう。

　それではどうしたらよいのか？　根掛かりを避けつつボトムトレースをしっかりするには、その場所ごとに最適な重さのルアーを選んで使うこと。コツは、ボトムとのコンタクトが分かるギリギリの重さを選ぶようにすることである。これ以上軽くすると浮き上がって底を引いてこられないし、重くすると根掛りが急激に増す、その境目を慎重に探ってベストな重さのルアーを引き当てたい。

海ルアーのトリセツ補講④

トゥルーチューン

　トゥルーチューンとは、ルアーのラインアイ（ラインを結ぶ部分）をまっすぐにして、ルアーがまっすぐに泳ぐようにすること。

　ルアーをキャストした際に、壁や橋脚にぶつけたりするとラインアイが曲がってしまうことがある。そのままにしておくと、リトリーブしたときに左右のどちらかに曲がる。これを矯正しなくてはルアーはまっすぐ泳がず、本来の泳ぎやアクションができなくなる。

　具体的には、明るいときや風呂場などでルアーを泳がせてみて、右に曲がるようなら左に、左に曲がるようなら右にルアーアイを曲げて調整するのだが、一気にやりすぎると曲がりすぎたりするので、少しずつ調整するのがコツである。

　また、左右のどちらかに曲がるようにラインアイをあえて曲げておくチューンもある。これは護岸などにわざとぶつかるようにして使うときに有効だが、やはり曲げすぎると泳がなくなるのでほんの少しの調整にとどめたい。なお、ペンチやプライヤーでも可能だが、専用道具を使うとより正確にできる。

ボトムトレース

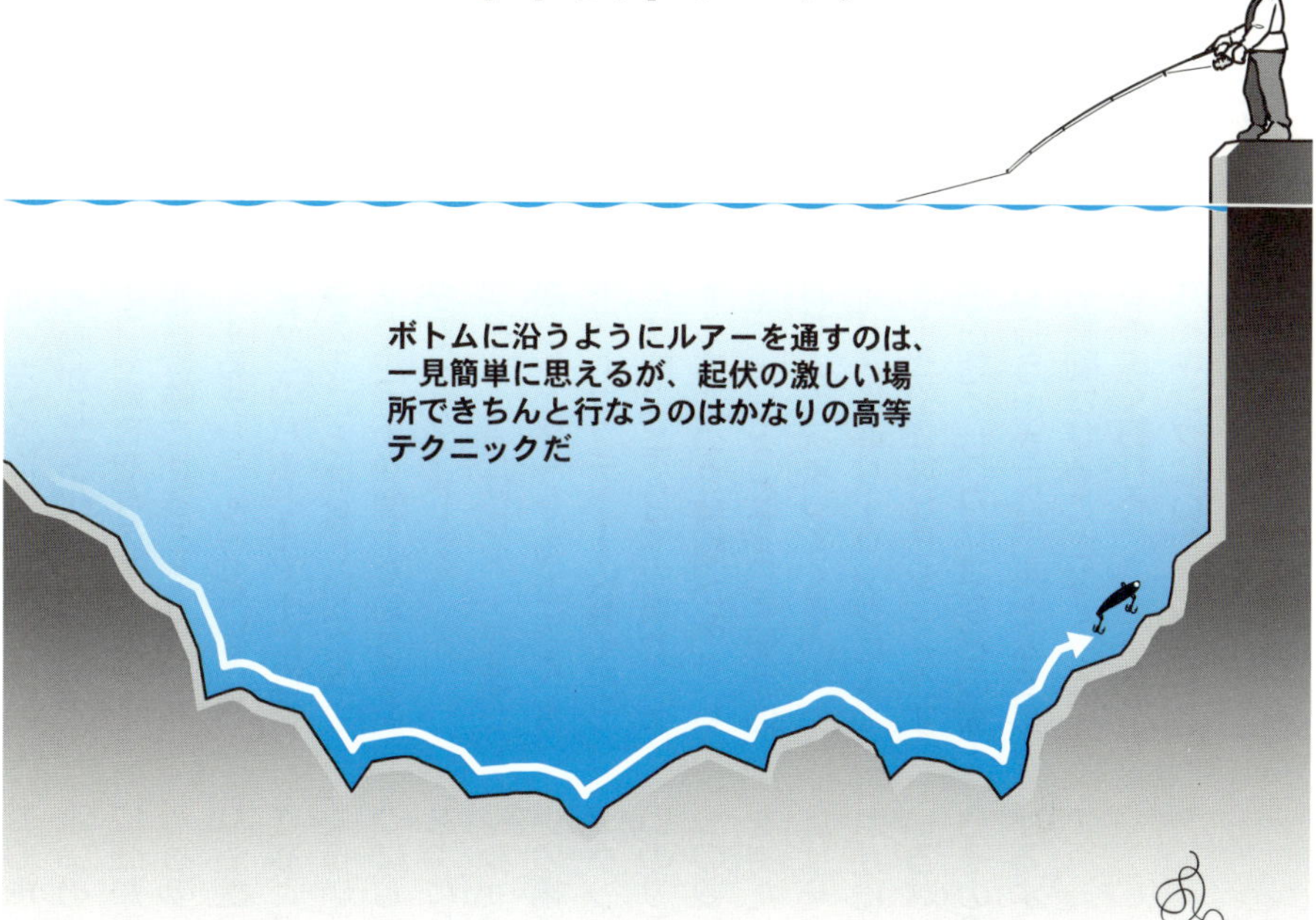
ボトムに沿うようにルアーを通すのは、一見簡単に思えるが、起伏の激しい場所できちんと行なうのはかなりの高等テクニックだ

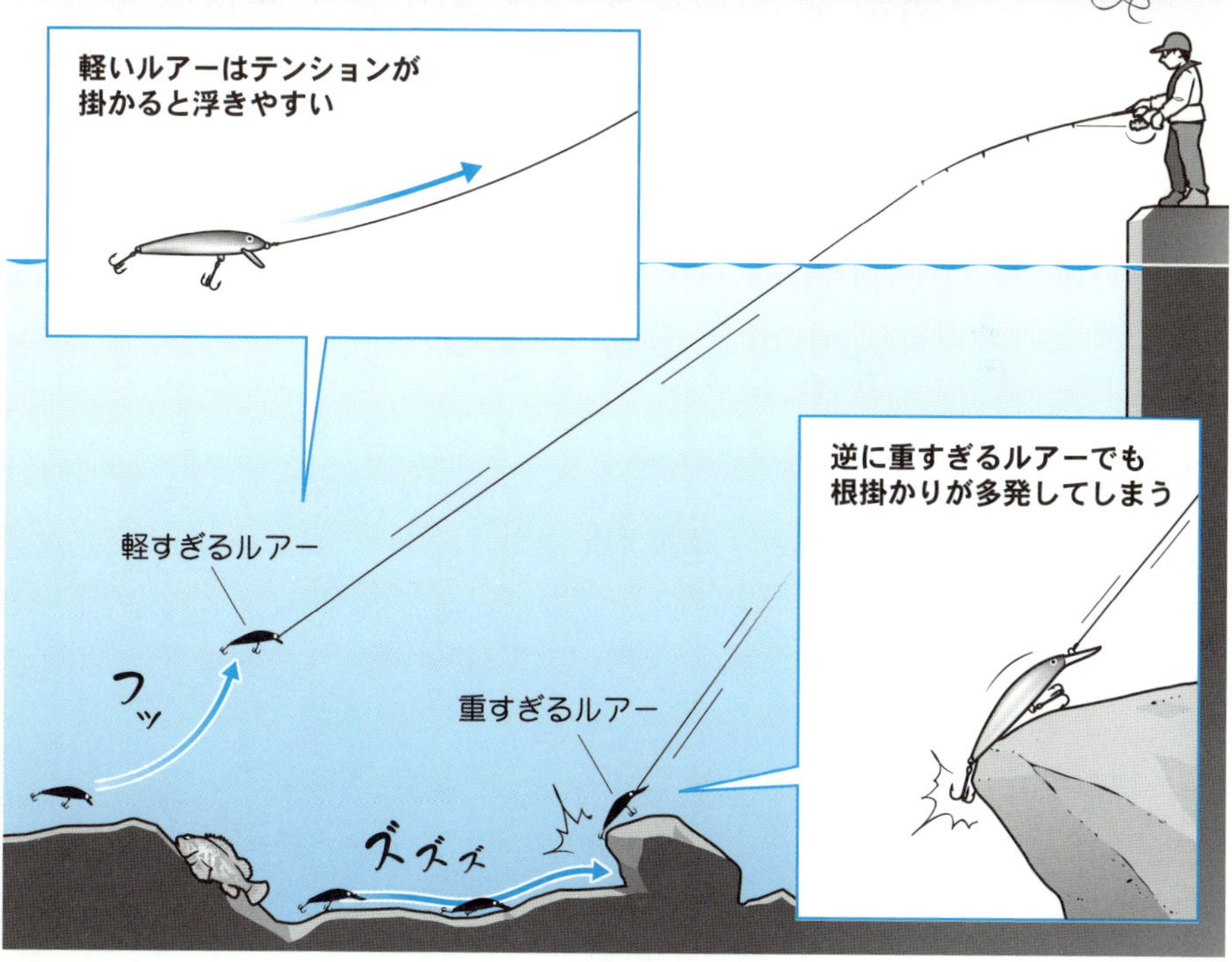
軽いルアーはテンションが掛かると浮きやすい
軽すぎるルアー
フッ
重すぎるルアー
ズズズ
逆に重すぎるルアーでも根掛かりが多発してしまう

シェイキング

ルアーを微振動させることによって魚にアピールするテクニック。泳がせながらシェイクする方法と、その場でシェイクする方法の2種類がある。

シェイキングは、ロッドを細かく動かしてルアーに震えているような動きを与えること。ルアーを微振動させることで魚にアピールするテクニックといえる。プラグなどのハードルアーに微振動を与えることは難しいので、主にソフトルアーを使った釣りで使われるテクニックである。

シェイキングはルアーを泳がせながらシェイクする方法と、ボトムやストラクチャーに軽く引っ掛けた状態、つまりその場でシェイクする方法の2種類があり、ねらう魚によってどちらを使うのかがおおよそ決まってくる。アジやシーバスにはリーリングによってルアーを引きながらシェイクする方法が効くし、カサゴなどの根魚をねらうときには、ボトムでルアーを移動させることなくシェイクするとよく釣れる。

シェイキングはいかにロッドを細かく動かし続けられるかが鍵となる。ある程度大雑把なシェイクでも魚が口を使ってくれるときはよいのだが、状況によっては本当に細かな動きにばかり反応することも少なくない。たとえば、あまり活性の高くないアジをねらうときなどは、ロッドティップが幅1㎝くらいで動く程度の細かいシェイクにしかバイトしてこないこともあったりする。

シェイクは、ロッドをどれくらいの幅で動かすのかというロッドアクションの大きさと、どれくらいのリズムで動かすのかという2つの要素によってバリエーションを持たせることができる。魚の反応はそのバリエーションの中のどれかに偏ることも多いので、いろいろなリズムを意図的に試しながらその日の当たりパターンを見つけるようにしたい。

海ルアーのトリセツ補講⑤

重心移動システム（機構）

海のルアーフィッシングにおいて、ルアーの飛距離は大変重要な要素。釣れるルアーアクションもねらうターゲットまで届かなければ無用の長物だ。

近年、開発されるルアーの大半が飛距離面では相当の性能を有している。なかでも多くのミノータイプのルアーに採用されているのが、重心移動システム（機構）だ。これはルアー内部にあるウエイトが、キャストする際に後方へ移動することでより飛距離を稼ぐというもの。ルアーを上下に振るとカチッと音が聞こえるものがあるが、これがウエイトが動いたときに出る音だ。

このタイプのルアーで注意したいのは、ウエイトが後方に移動したままだとルアー本来のアクションをしなくなってしまうこと。通常はリトリーブを始めればウエイトは後方から戻るのだが、もし不安に感じるときは、トゥイッチの要領でルアーにアクションを与えるとよい。

逆に、ウエイトが動かない固定重心タイプのルアーもある。このタイプはウエイトが移動しないぶん、泳ぎ出しからアクションしてくれることと、サイレント性能というメリットがある。

シェイキング

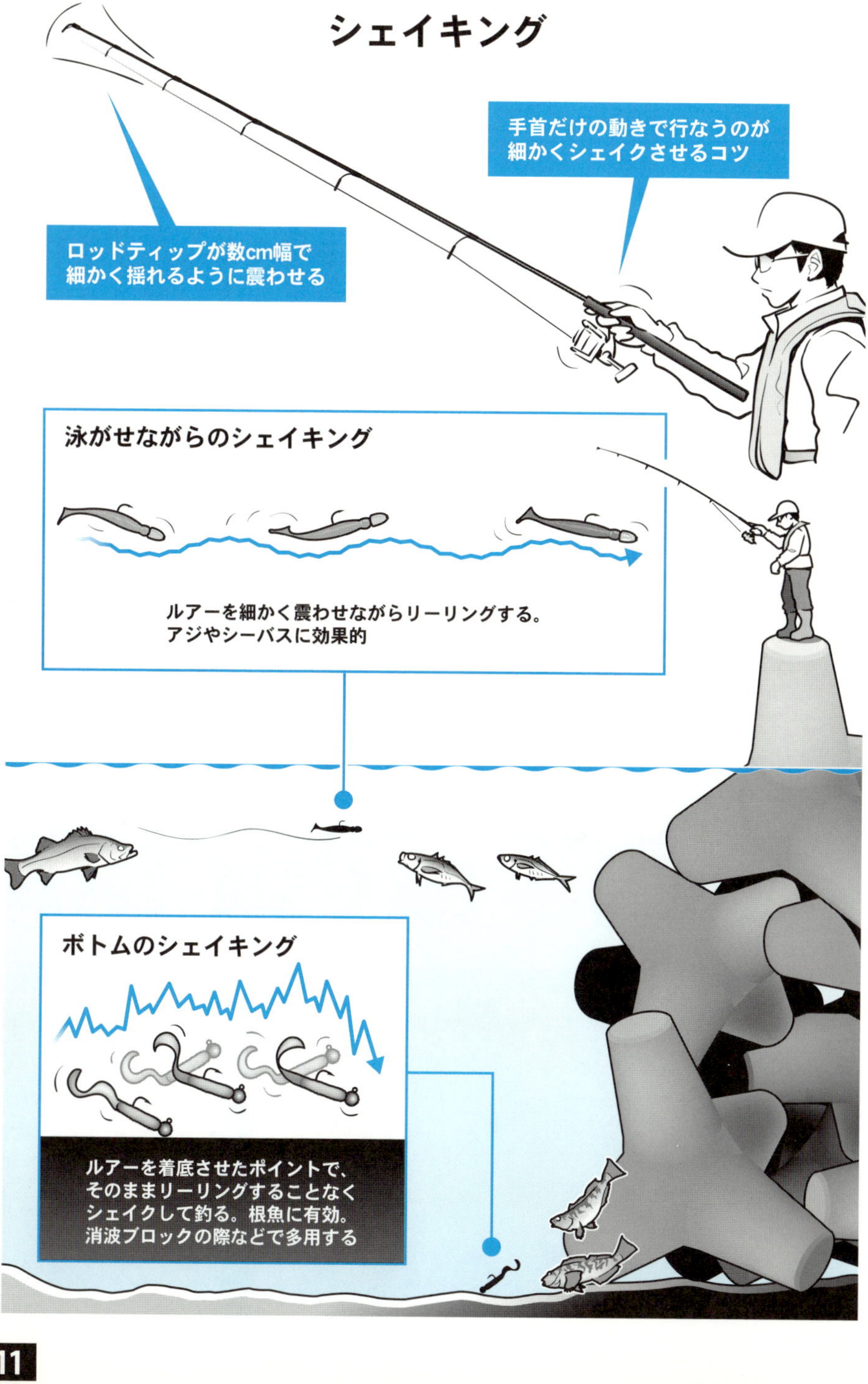
手首だけの動きで行なうのが
細かくシェイクさせるコツ
ロッドティップが数cm幅で
細かく揺れるように震わせる
泳がせながらのシェイキング
ルアーを細かく震わせながらリーリングする。
アジやシーバスに効果的
ボトムのシェイキング
ルアーを着底させたポイントで、
そのままリーリングすることなく
シェイクして釣る。根魚に有効。
消波ブロックの際などで多用する

シャクリ

ロッドを大きくあおることで餌木を動かす、エギングでは必須のテクニック。このシャクリ方ひとつで、釣果に大きな差を生むこともある。

エギングやジギングでよく使われる言葉で、ロッドを大きくあおって餌木やメタルジグにアクションを入れること。ロッドの動きとしては、ジャークと同じと考えてよい。最近ではジギングでもジャークということが多く、「シャクリ」はエギングのための言葉といった感じが強いので、ここではエギングを前提として話を進めたい。

シャクリという言葉で最もよく使われるのは「2段シャクリ」というものだろう。これはエギングの基本的なシャクリ方を示したもので、連続的に2回シャクリを入れることを差す。具体的には、1回目のシャクリは若干軽めに、その後間髪入れずに大きく2度目のシャクリを入れるようにする。

餌木はシンカーが頭寄りについているので頭を下に向けて沈み、着底後も頭を下にして定位する。この状態の餌木を高く跳ね上げるために行なわれるのが2段シャクリで、1回目の軽めのシャクリで餌木の頭を持ち上げて上方向へと動きやすい状態にし、続く2回目のシャクリで大きくラインテンションを掛けて餌木を跳ね上げる。

2段シャクリのキモは、とにかく間髪入れずに2度目のシャクリを入れること。1回目と2回目のシャクリに間が空いてしまうと、最初のシャクリでせっかく頭を上げた餌木がふたたび頭を下げ始めてしまう。これでは、次に大きなシャクリを入れてもその効果が最大限に生かせない。

なお、餌木も他のルアー同様にダートさせることが可能であり、これも重要なテクニックのひとつになっている。餌木をダートさせたいときは、やはり他のルアーと同じくシャクリ後ただちにロッドを元の位置に戻し、ラインにたるみを与えることが必要である。

海ルアーのトリセツ補講⑥

餌木のカラー

多彩なカラーが市販されている餌木。見た目ではどれも釣れそうで迷ってしまう。そんなときは派手なアピールカラーと地味なナチュラルカラーに大きく分けて考えてみるとよい。

餌木の定番カラーといわれるピンクやオレンジはアピールカラー。定番といわれるだけあって実績も高く、天候や潮色への対応も幅広い。一方、黒、茶、緑、青など、自然の海にあるような色はナチュラルカラーと呼ばれ、どちらかといえば、晴天で澄潮時に向いている。まずはアピールカラーを主軸に、フォローでナチュラルカラーという考え方でよいだろう。

ここでいうカラーは背中の色を差しているが、餌木にはベースカラーというものがある。アピールの強い順に、金、マーブル、銀、赤テープなどがあり、ボディーカラーとベースカラーの組み合わせも考えてみるとよいだろう。

そして、大まかなカラーの傾向はあるものの、その日の条件によって当たりカラーというものが存在するので、カラーは豊富に揃えておくと有利となる。

餌木の2段シャクリ

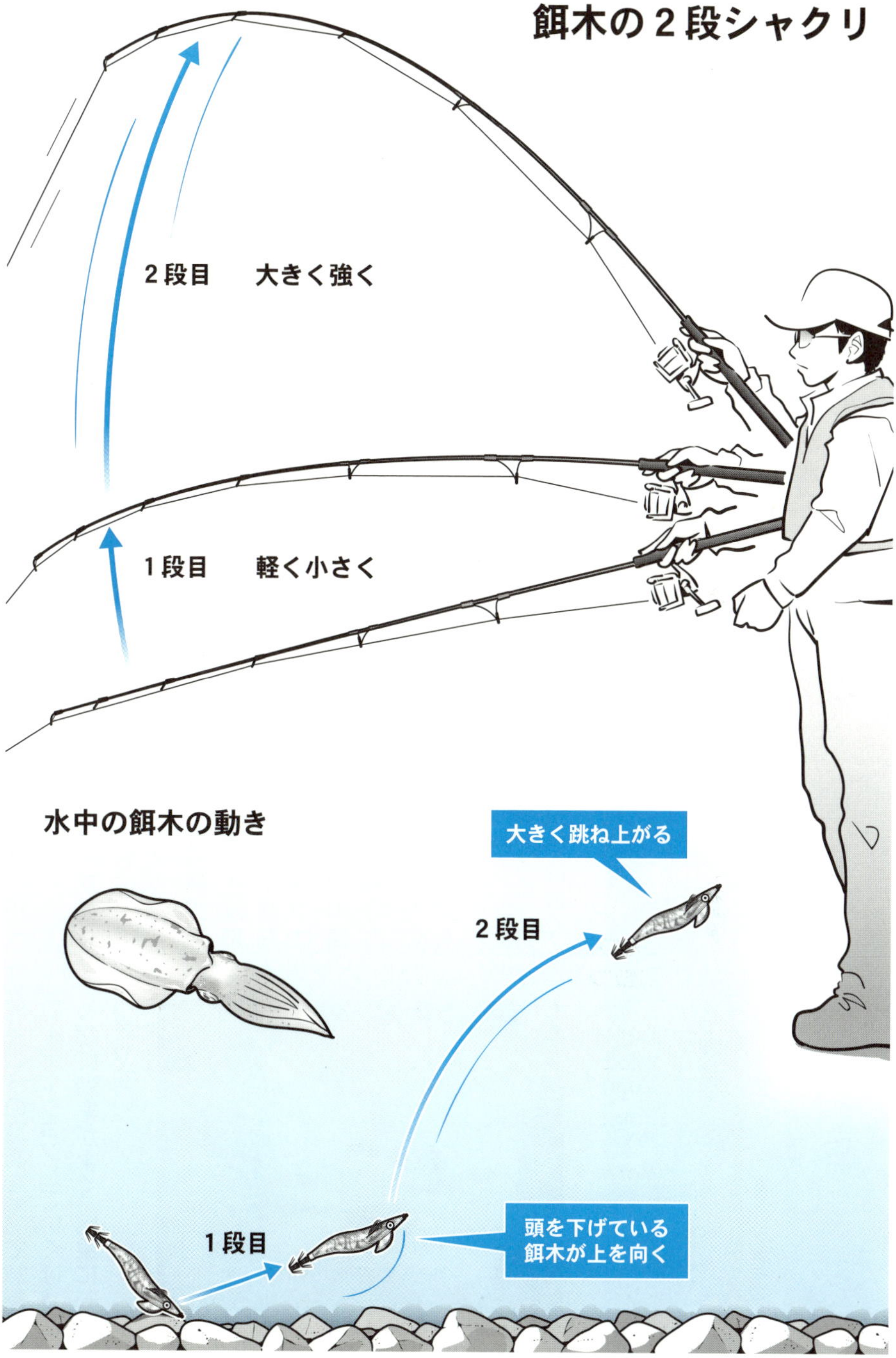
2段目　大きく強く
1段目　軽く小さく
水中の餌木の動き
大きく跳ね上がる
2段目
1段目
頭を下げている
餌木が上を向く

ローテーション

同じルアーばかり投げていても答えは見つからない。釣れないときには違うルアーのタイプやカラーを試すこと、すなわちローテーションが釣果への近道である。

ルアーフィッシングでよく使われるローテーションとは、何かの要素を変えていくことを差す。具体的には「ルアーローテーション」「カラーローテーション」などが挙げられる。

なぜローテーションが必要かといえば、状況に応じて、より魚の反応のよいものを捜したり、同じルアーを使い続けることで魚に飽きられたり、警戒心を抱かれることを極力減らすため。

ルアーローテーションは、ルアーのタイプを変えながらより魚からの反応を得られるものを捜していく作業で、アクションのタイプと、引いてくるレンジを変えていくことを基本とする。たとえば、ウォブリングの強いルアーで魚の反応がないので、アクションを変えてローリングの強いタイプのルアーにしてみる。あるいは水面下50㎝を泳ぐルアーを試したが反応がイマイチなので、もう少し潜るルアーに替える、という感じで行なうのが一般的だ。

カラーをローテーションする場合は、アピールの強いものとそうでないもの、ベイトフィッシュに似たものと明らかに自然界にはないカラーのものなど、正反対のルアーを交互に試していきながら反応のよいカラーを見つけていくと効率的。おおよその傾向が見えたら、次は同系列のカラーの中で、より反応のよいものへと絞り込んでいけたらベストだ。

このように、ただ漫然とルアーを次々に変えていくのではなく、何かしらの意図を持って意識的にローテーションしていくほうがはるかに効率がよく、結果にも結びつきやすい。

魚の反応を探る、警戒心を与えないようにするなどの理由からローテーションは必要だ

海ルアーのトリセツ補講⑦

レンジを変える簡単チューン

ルアーにはそれぞれレンジ(潜行深度)が設定されているが、このレンジを少しだけ下げる簡単な方法がある。それはルアーの腹側に板オモリを貼り付けること。これでノーマル状態より深いレンジを泳がせることが可能になる。また、付属のフックよりもワンサイズ大きなものを付けると、そのぶん重くなるのでこれまた少し深いレンジをねらえる。

こうしたチューンを施すと、ルアーのアクションが少しおとなしくなるので、そのことは覚えておきたい。極端なチューンはルアーがアクションしなくなるので、注意が必要だ。

ローテーションの考え方

ルアーローテーション

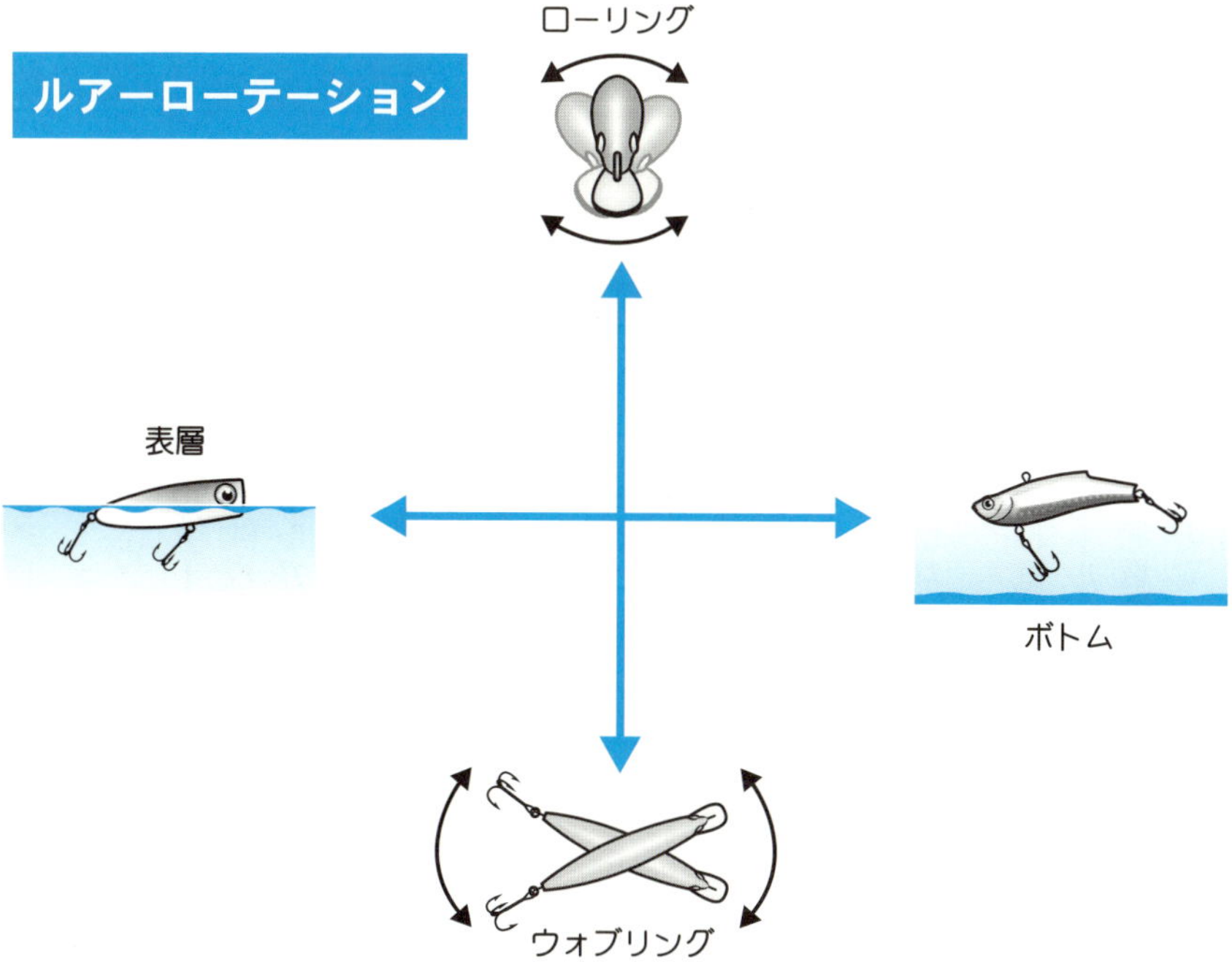

カラーローテーション

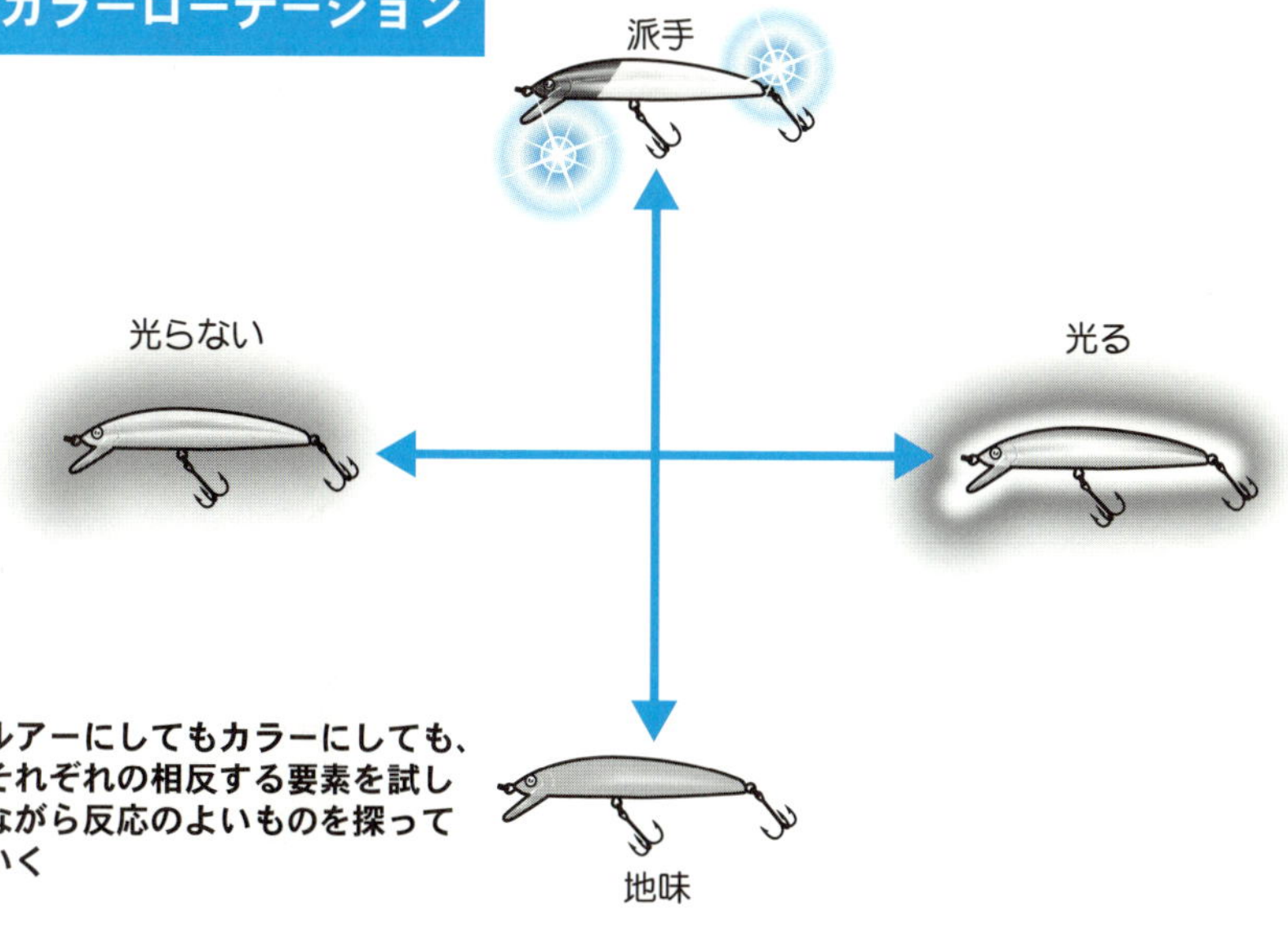

ルアーにしてもカラーにしても、それぞれの相反する要素を試しながら反応のよいものを探っていく

ウォブリング

頭と尻を横に振るように動くウォブリングアクションは、視覚と波動の両面での強いアピールをするタイプのルアー。

ウォブリングはルアーの動き方のひとつで、ルアーを引いたときにルアーを上から見て、頭と尻を横に振るように動くこと。ウォブリングの強いルアーは概して大きく動くが、これは視覚的に派手なだけではなく、ルアーの動きに伴って水も大きく動かされるので、水中には強い波動が伝わる。ウォブリングの一番の特徴は、視覚と波動の両面での強いアピール力にある。

ウォブリング系のルアーは、そのアピール力を活かして、広大なエリアの中で魚にルアーを見つけさせてバイトに持ち込みたいようなときに使われることが多い。また、強い刺激に反応しやすい食い気満々の魚や、スレていない魚に対しても効果的である。

逆にいえば、魚がスレ気味のポイントでは、このアピール力があだとなって魚のスレを増幅させてしまうこともあるので注意が必要。

また、ウォブリングの強いルアーは、引いたときにロッドを持つ手やリールを巻く手にもブルブルとルアーの動きがよく伝わってくるので、ルアーの状況を把握しやすいというメリットもある。

魚を釣るうえでは、ルアーが常にキビキビと動いている必要はないのだが、何もかもがよく分からないビギナーにとってはウォブリング系のルアーが発する「泳いでいる感」は心強いはずだ。リーリング中にブルブルと振動が感じられれば、それはルアーが確実に水をつかんで泳いでいるということであり、ラインテンションがしっかりと掛かっているということでもある。そしてライントラブルを減らすという効果も期待できる。

とりあえずルアーで釣ってみたいというのであれば、ウォブリング系のルアーで、優先的にやる気のある魚をねらっていくという戦略は大いにアリだ。

海ルアーのトリセツ補講⑧

ロッドの構えで変わるルアーのアレンジ

ルアーのレンジとロッドの構えには密接な関係がある。たとえば、ロッドを立てた状態か水平に構えたままでリーリングを続けていると、ルアーが近づくに従って段々とレンジを上げてきてしまう。アングラーに近いところではルアーが上から引かれる感じになるからだ。

これを避けるには、ルアーが近づいてきたら徐々にロッドを下げて行く必要がある(下げられない場合は横に倒す)。

また、ルアーは上方向に引かれるのか横方向に引かれるのかによってそのアクションが変わる場合もある。これを逆手にとり、ロッドを縦・横方向に振るロッドワークを使い分けたり、組み合わせたりすることでルアーの動きにバリエーションを持たせることが可能となるので、覚えておくとよいだろう。

ウォブリング

ルアーを上から見たときに、頭と尻のラインを中心として頭と尻を左右に振る動き

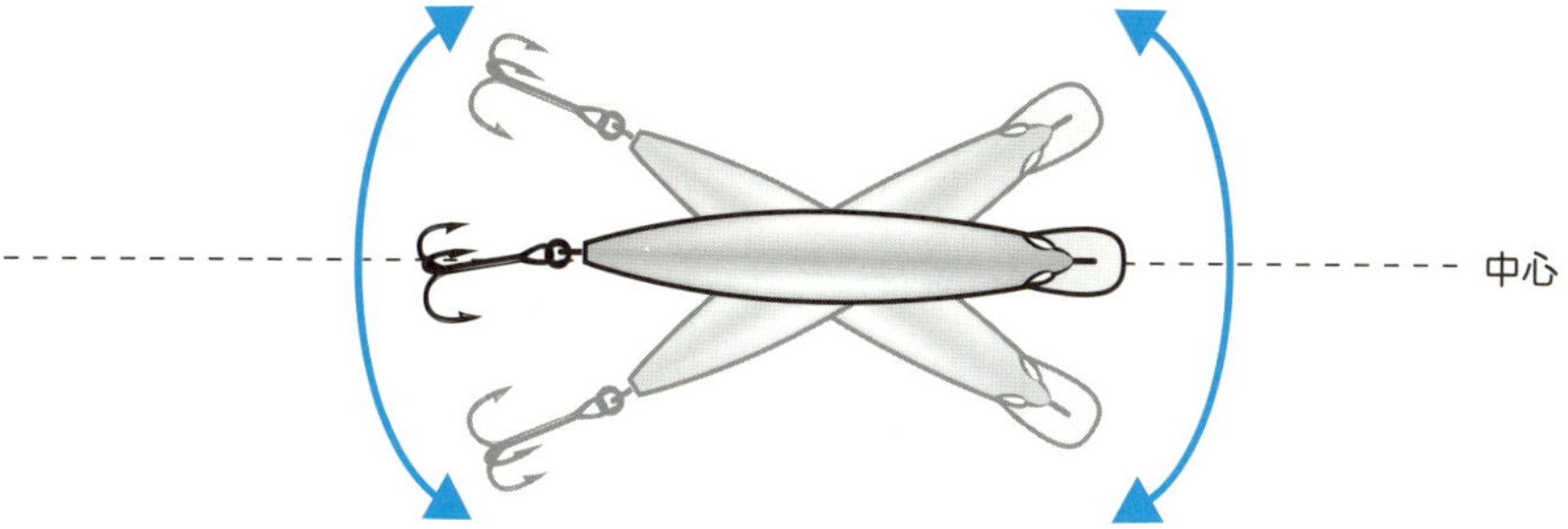
中心

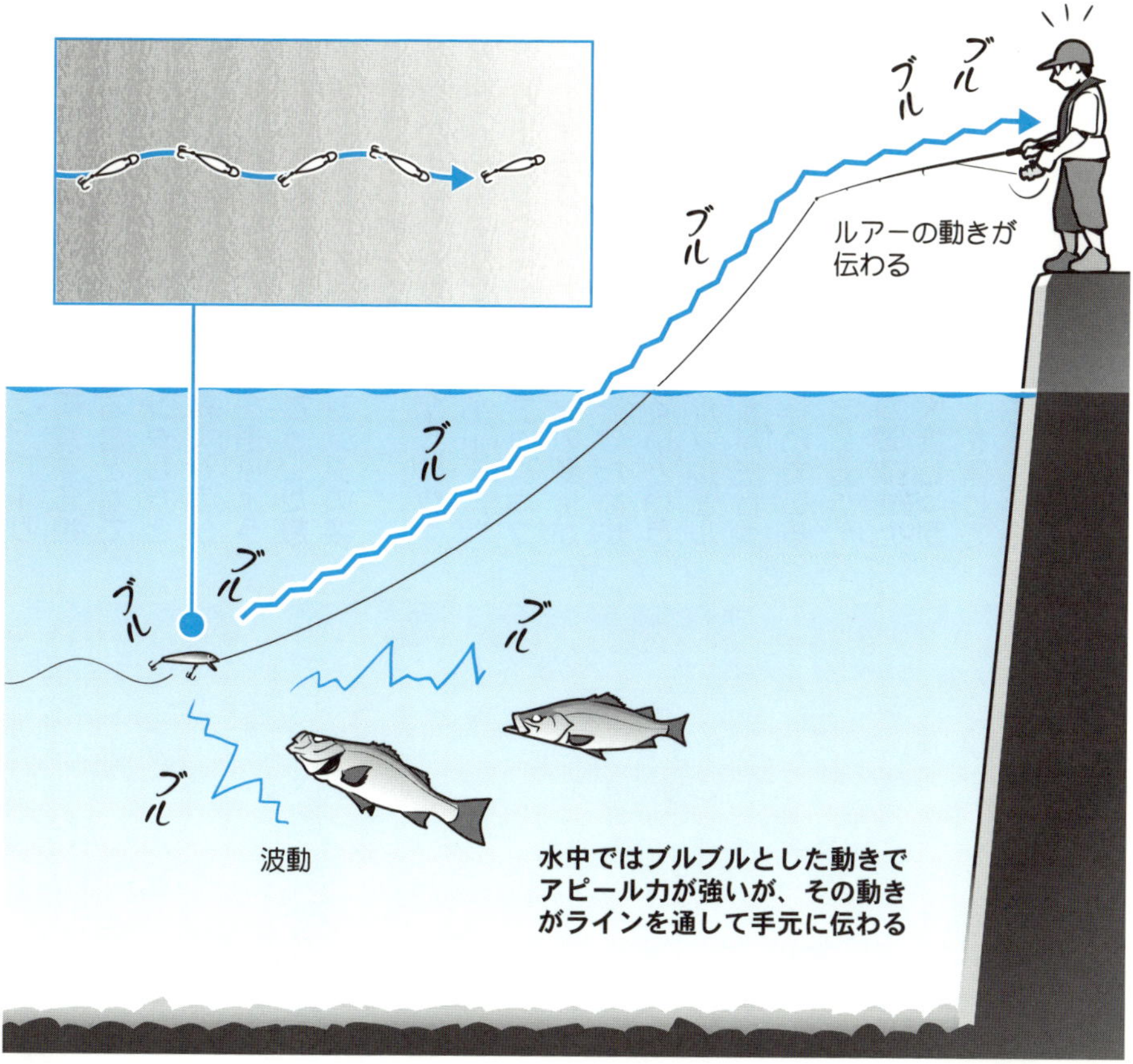
ブル
ブル
ルアーの動きが伝わる
ブル
ブル
ブル
ブル
ブル
ブル
波動
水中ではブルブルとした動きでアピール力が強いが、その動きがラインを通して手元に伝わる

ローリング

背中を左右に揺らすような動きのローリングアクションは、フラッシング効果で魚にアピールできるルアー

ローリングとは、ルアーを前から見たときに背中を左右に揺らすような動き。ローリングの強いルアーは前から見ると、まるで起き上がり小法師のように大きく背中を左右に振っては戻ってくる動きをする。

　ローリング系のルアーは、ルアーの側面が上に下にと向くので、光を反射するようなカラーリングが施されていると泳ぎの中で強く反射してピカッと光る。これはフラッシングと呼ばれ、魚がバイトするきっかけとなる。特に、視覚情報に頼った捕食をする魚や、イワシの群れなどのベイトフィッシュに夢中になった状態の魚には、フラッシングは強烈に効く。

　だからといって、「光り物」と呼ばれるホログラムやアルミ張りのような光を反射するカラーリングのルアーだけがローリング向きというわけではない。たとえば暗い色と明るい色のツートンカラーのようなカラーリングでも、ローリングに伴ってルアーが明滅する視覚的アピールを魚にすることもできる。ルアーがローリングしたとき、魚からどのように見えるのかを想像しながらカラーを選ぶようにするとよいだろう。こうした想像もまたルアーフィッシングの楽しみのひとつである。

　ローリング系のルアーは、ウォブリング系のルアーのように、リーリング中にルアーアクションに伴うラインテンションの変化がほとんど起こらない。そのためルアーの状態を把握しにくいという面がある。手元までブルブルとルアーが泳いでいるようすが伝わってこないことも多く、「泳いでいるのかな？」と不安になりがちだが、極端な速度（遅すぎたり速すぎたり）で引かない限りは大抵しっかりと泳いでいる。ルアーを信じて使い込むようにしたい。

海ルアーのトリセツ補講⑨
飛距離を出す方法

　ルアーが遠くへ飛ぶことは、広範囲にアピールできるのでそのぶんヒットの確率も上がる。キャストを多用する釣り方で、ソルトゲームでは飛距離が出せるPEラインが主流となっている。PEとはポリエチレンの略で、極細ポリエチレン繊維を編み込んだラインがPEラインである（素材がポリエチレンでないが同タイプのラインもある）。

　PEラインが飛距離を稼げる理由は、ナイロンやフロロカーボンのラインと同じ強度を、より細い号で出せるからである。ラインが細いと表面積が小さくなってガイドとの摩擦抵抗が減るので、またライン自体が軽くなり飛距離が出るわけだ。

　ルアーの飛距離はキャストの仕方でも大きく変わってくる。基本は、ロッドをしっかり曲げてその反発を生かしてルアーをキャストすることだ。このとき、軟らかめのロッドはゆっくりとした動きでもかまわないが、硬めのロッドの場合は、瞬間的なスピードがないとロッドが曲がらないので注意したい。

ローリング

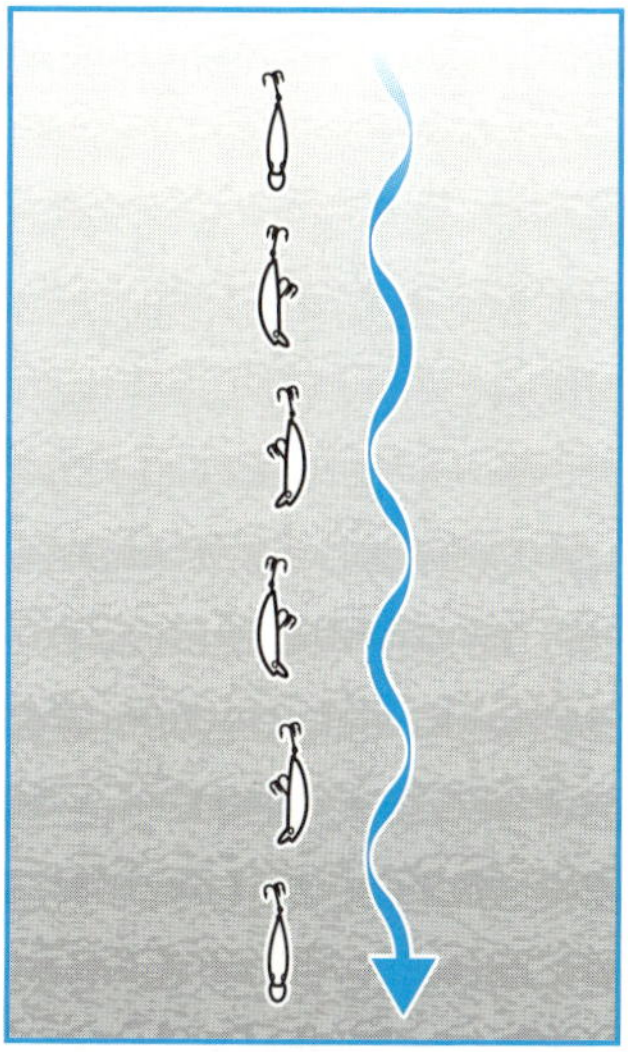

前から見たときに
背中と腹を左右に
ゆらす動きをする

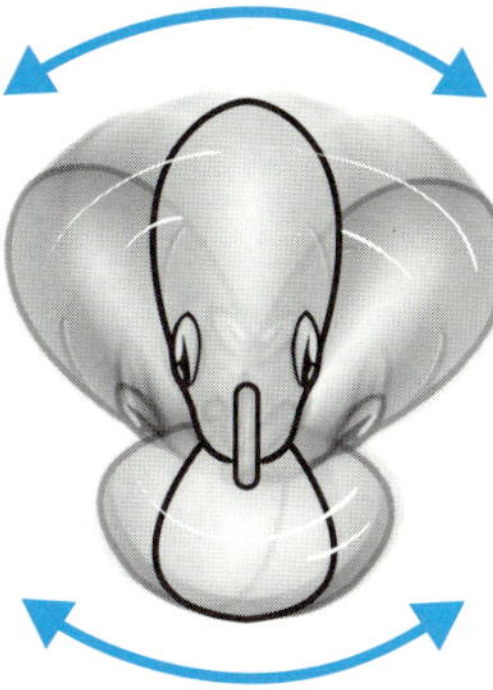

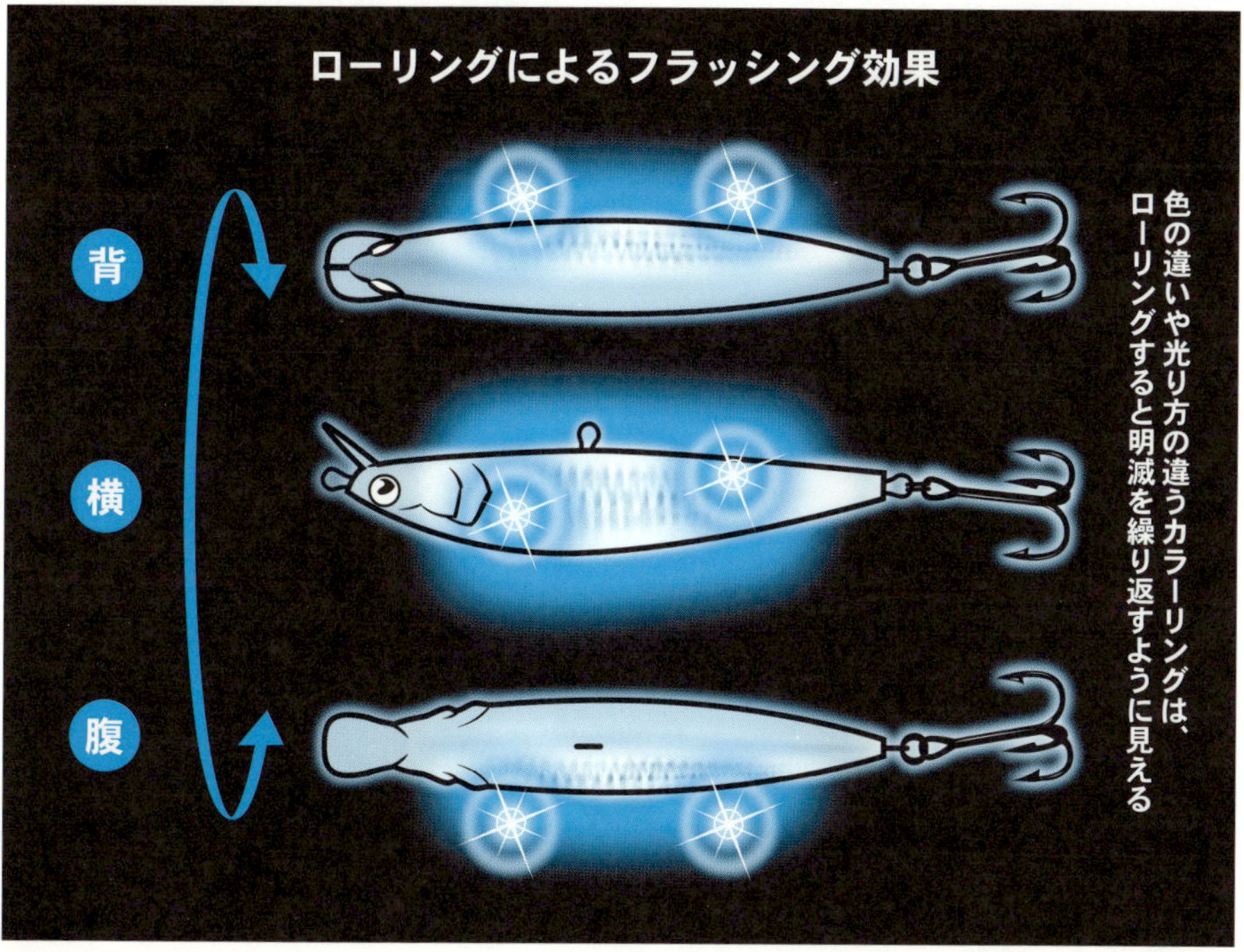
ローリングによるフラッシング効果
背
横
腹
色の違いや光り方の違うカラーリングは、
ローリングすると明滅を繰り返すように見える

ウォブンロール

ルアーの多くは、ウォブリングとローリングの両方＝ウォブンロールするアクション機能を備えている。そして前者と後者のどちらが強いかでルアーの性格が決まってくる。

ウォブンロールとは、ウォブリングとローリングがミックスされた動きを言い表わした一種の造語だ。個々のルアーのアクションは、純粋に100%ウォブリング、100%ローリングしかしないということはありえず、多かれ少なかれウォブリングとローリングが混ざり合ってアクションしている。だから厳密にはどんなルアーでもウォブンロールしているともいえる。

この中で、ウォブリングの要素が強いものを「ウォブリング系」、ローリングが強いものを「ローリング系」と、便宜的に振り分けている。「ウォブンロール系」と説明される場合は、ウォブリングとローリングが同じくらいの割合で交じり合っているルアーアクションであると考えればよい。動きでいえば、上から見れば頭や尻を左右に振ってウォブリングもしているし、ルアーの縦軸では、背中を左右に揺するようにローリングもしているルアーである。

一般的にはアピールの「ウォブリング」、食わせの「ローリング」ともいわれるので、「ウォブンロール」は、その両方を兼ね備えた中間的なタイプである。ウォブリングもローリングもそれなりの度合いでしているため、とりあえずウォブンロール系のルアーを持っていれば多くの状況でそこそこの釣果が期待できる、ともいえる。

ウォブリング系で食わせられないときは、大きな動きが食いにくいと判断してウォブンロール→ロールと大人しい方向へ、ロール系でバイトがないときはアピール不足と考えて、ウォブンロール→ウォブリングとルアーアクションを変えていくとよいだろう。

海ルアーのトリセツ補講⑩

ルアーカラー

「ルアーのカラーなんて2~3種類あれば充分だし、ほとんど気にしないよ」というアングラーもいれば、「カラーによって食いが変わるから種類はあればあるだけよい」というアングラーもいる。かと思えば、「この色がやたらと釣れるから、これだけあればOK」という極端な考えのアングラーもいる。

ルアーのカラーが魚にとってどのような働きをしているのか？　正直なところ、正確にその効果を知る人間はいないのではないか。要するに、カラーに関しては思い込みや経験則といった部分が少なくないのである。それでも多くのアングラーの経験によって一応のセオリーというものは構築されている。

基本は、水の色とルアーのベースカラーの関係を考えることにある。一般的には、水が澄んでいる場合はシルバーのメッキ・ホロベースかクリア系のルアーを使い、水が濁っている場合はメッキ・ホロベースの中でもベースカラーがゴールドのものかパールベースのものを選ぶようにするとよいとされる。

また、日中は銀系のメッキ・ホロベースかクリア、マヅメ時や夜間のように光量が少ないときは金系のメッキ・ホロベースかパールベースというようなカラーセレクトがセオリーとなる。要するに、水中で光が通りやすい状況か、通りにくい状況かで有効なベースカラーが変わってくるというわけだ。

カラーについてはまだまだ未知の部分も多い。いろいろとカラーの効果を想像しながら釣果アップを図るのがルアーカラーの一番の楽しみ方ともいえる。

ウォブンロール

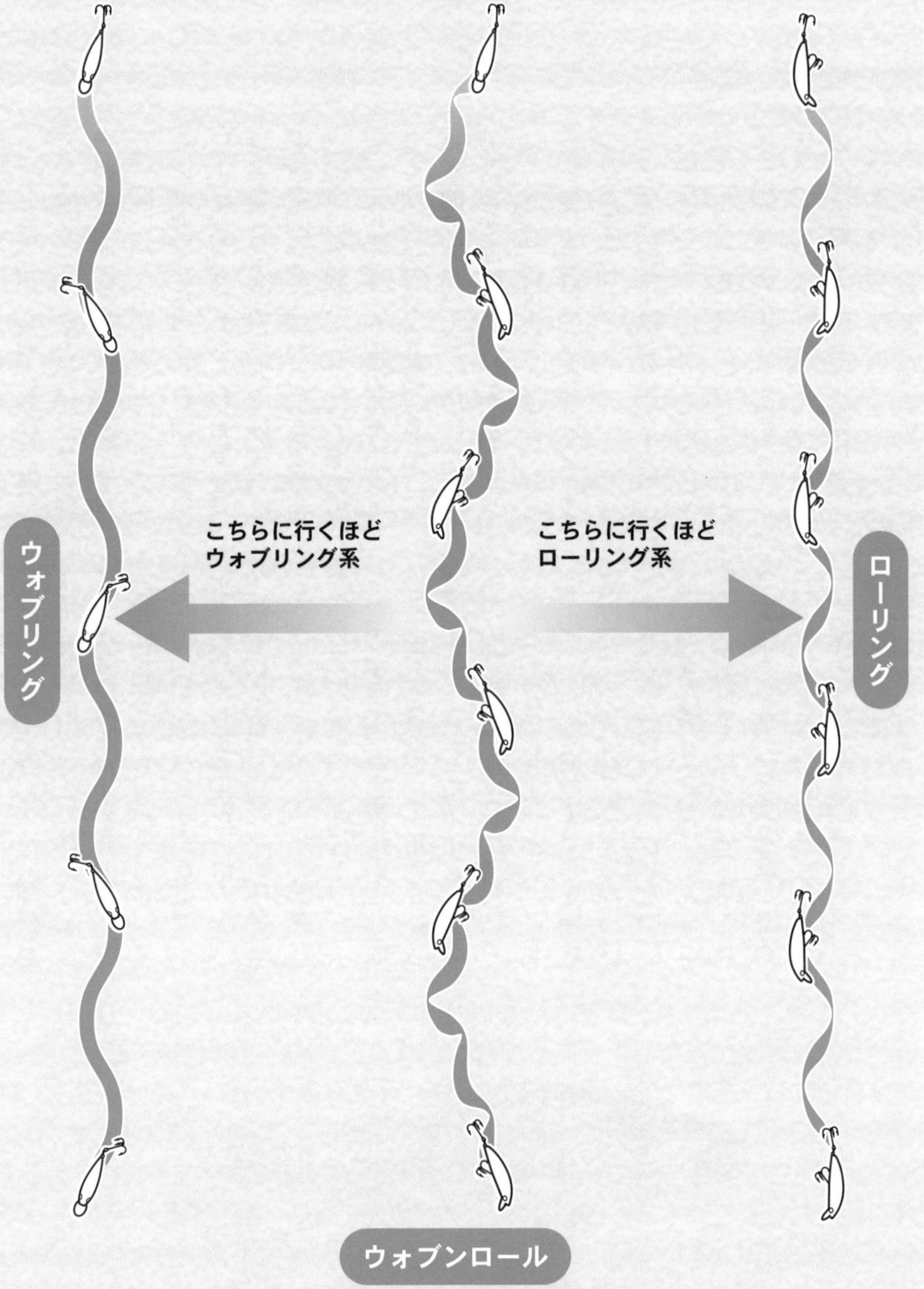

ウォブンロールとは、ウォブリングとローリングが
ともにバランスよく入った動きのこと

S字系

**ルアーの軌道がS字を描くように動くタイプ。
直線的な動きの一般的なルアーとは別物の動きで魚にアピールする。**

ルアーを引いたときに、進路を左に右にと変えながら進んでくるタイプ。その軌跡がS字型であることから「S字系」と呼ばれる。ほとんどのルアーは、まっすぐに進みながらウォブリングなりローリングなりのアクションを見せるが、S字系のルアーは左右に進行方向を変えながら進んでくるという点で異なっており、魚へのアピールの仕方が他のルアーとは全く別種類であると考えてよい。基本的には、ただ巻くだけでS字の軌跡を描いてくれる。そして、ゆっくり巻けば大きくゆるやかなS字、速く巻けばタイトにクイックなS字を描く。

S字系の代表的なルアーは、ここ数年でブームになっているビッグベイトだろう。ビッグベイトはその大きなボディー以外に、S字アクションでもアピールするため、魚に対する刺激はかなり強いといえる。

それまで何の反応もなかったところへS字系ビッグベイトを引いたら、シーバスのチェイスが見られた、などということはよく起きる。水深があるポイントの表層付近をビッグベイトでねらっていたら、下からシーバスが突き上げるようにバイトしてきたというケースもよくある。これらはS字系ビッグベイトのアピール力の高さを示しているといえるだろう。

このように、S字系ルアーは魚にとって大きなアピール力を持っているが、一方で、チェイスはするもののなかなかバイトに持ち込めないということもよくある。これは、ルアーが緩やかにS字を描き続けているだけなので、魚からはバイトのきっかけをつかめない状態であると考えられる。こんなときは、一瞬リーリングを早めてS字を描くリズムを変えたりすると、バイトを得られることもあるので覚えておくとよい。

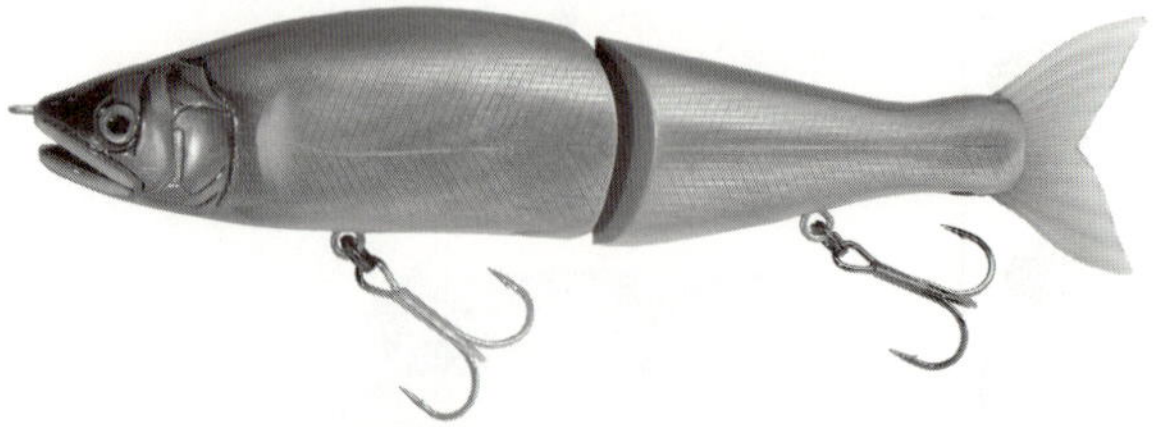

S字系ルアーの代表格であるビッグベイト。
このタイプのルアーしか出せないS字の軌跡が魚に強烈にアピールする

S字系

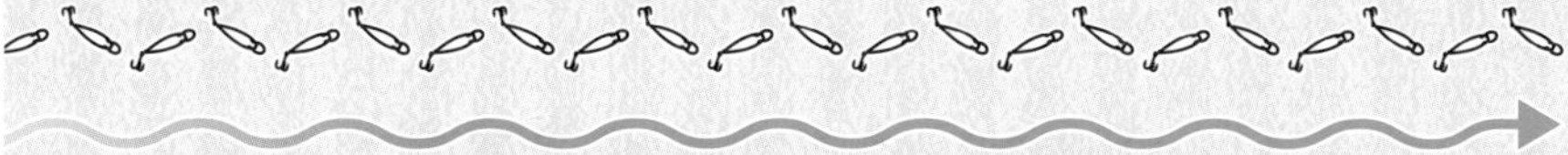

通常のルアーは、ウォブリングなりローリングなりのアクションをしながらまっすぐに進む

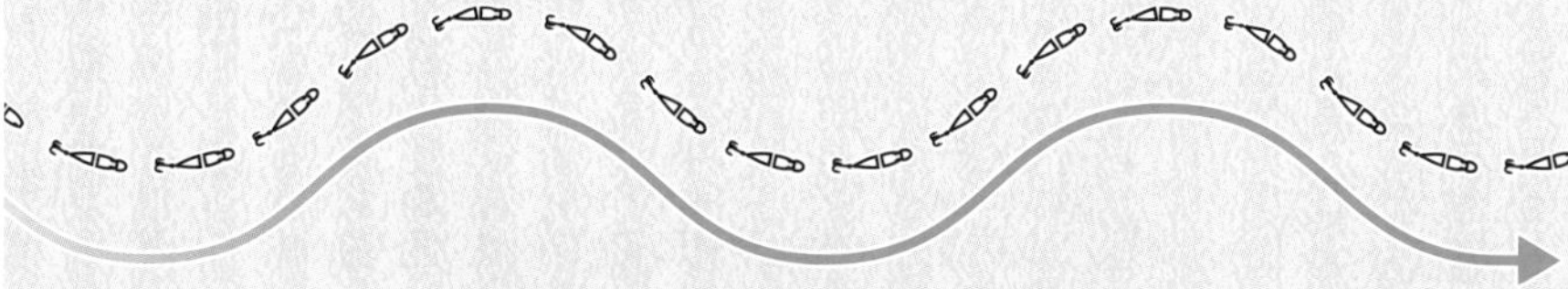

S字系のルアーは、ただ引くだけで言葉どおりS字の軌跡を描きながら進む

海ルアーのトリセツ補講⑪

ルアーセレクトの方法

アングラーが選べるルアーは膨大で、それこそ迷ってしまうのも当然だろう。ただ、やみくもに釣れるとされるいくつかのルアーを揃えるのも間違いではないが、釣りに行くシチュエーションを考慮して、明確な目的を持ってルアーを揃えることができれば、もっと多くの魚が釣れる可能性を生む。そこで効率的な考え方をひとつ紹介しよう。

◆レンジで考える

①水面～60㎝以内を引けるリップレスまたはリップの付いた表層系ミノー

②ただ巻きで50㎝～1mくらいまで潜るミノー

③ただ巻きで1.5～2mくらいまで潜るミノー

④2m以深を探れるシンキングペンシル、バイブレーション、スピンテール

◆アクションで考える

①ローリング主体

②ウォブリング主体

③振り幅が大きい

④振り幅が細かい

レンジとアクションの組み合わせを考えると、かなりの数になってしまうが、自分が持っているルアーを別表のように区分けしてみると、持っていない部分が分かってくる。その不足を補っていけばよいということだ。当然、実釣ですべてのルアーを使うわけではないが、さまざまな状況を想定してカバーできるようにしておきたい。備えあれば憂いなし、である。

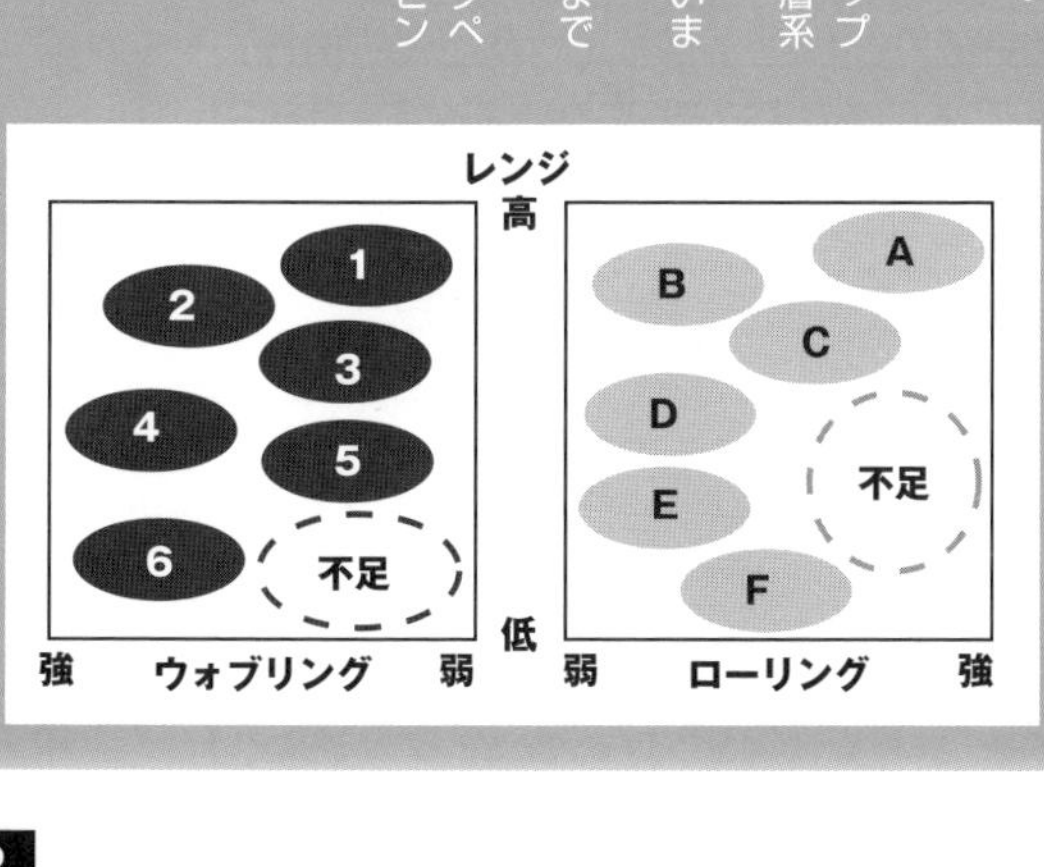

レンジ
高
低
1
2
3
4
5
6
不足
強
ウォブリング
弱
A
B
C
D
E
F
不足
弱
ローリング
強

アピールカラー

ピンクやチャート、オレンジなどの派手なカラーは広範囲を探るときや、水が濁っているときなどに強い。

その名のとおり、魚に対してアピールする力の強いカラーのことで、ピンクやチャートなどの目立つ色のことを差す。こうしたカラーは、その見つけやすさから、ルアーを見れば食ってくる高活性な魚をねらうときや、広範囲を広く探りながら魚にルアーを見つけさせて食わせるようなときに使われることが多い。また、目立つという点を利用して、食い気のないいわゆる「渋い」魚をリアクションで食わせようとするようなときに使われることもある。

ルアー全体がピンクやチャート、オレンジというような派手なカラーがアピールカラーの典型といえるが、このような色をしたベイトフィッシュはまずいないといえる。そのため特にビギナーの方は、「本当にこれで釣れるのか?」と疑心暗鬼になるかもしれない。それでもいざ釣りをしてみると魚は問題なく食ってくるし、アピールカラーが他のカラーよりも爆発的に効くという場面すらある。

ここでひとつ注意が必要なのは、「アピール」といってもそれはあくまで人間の主観であるということ。魚はルアーを水中で見るわけで、日中や夜間の常夜灯周りなどでは地上の明かり越し、つまり逆光の中でルアーを見ている可能性も高い。人間が地上で見ているルアーのカラーが、そのまま魚にも見えているという保証はどこにもないのだ。

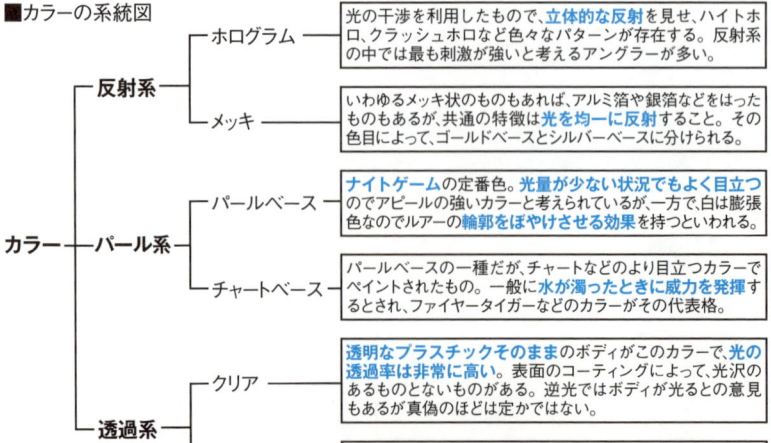

ただ、ひとつだけいえることは、背中がアピールカラーで塗られたルアーはアングラーからはよく見える。ねらったトレースコースを引いてくるときなどにこれが有利に働くことは結構あるので、そんな視点でアピールカラーを利用してみるのもよいだろう。

■カラーの系統図

- **カラー**
  - **反射系**
    - ホログラム — 光の干渉を利用したもので、**立体的な反射**を見せ、ハイトホロ、クラッシュホロなど色々なパターンが存在する。反射系の中では最も刺激が強いと考えるアングラーが多い。
    - メッキ — いわゆるメッキ状のものもあれば、アルミ箔や銀箔などをはったものもあるが、共通の特徴は**光を均一に反射**すること。その色目によって、ゴールドベースとシルバーベースに分けられる。
  - **パール系**
    - パールベース — **ナイトゲーム**の定番色。**光量が少ない状況でもよく目立つ**のでアピールの強いカラーと考えられているが、一方で、白は膨張色なのでルアーの**輪郭をぼやけさせる効果**を持つといわれる。
    - チャートベース — パールベースの一種だが、チャートなどのより目立つカラーでペイントされたもの。一般に**水が濁ったときに威力を発揮**するとされ、ファイヤータイガーなどのカラーがその代表格。
  - **透過系**
    - クリア — **透明なプラスチックそのまま**のボディがこのカラーで、**光の透過率は非常に高い。**表面のコーティングによって、光沢のあるものとないものがある。逆光ではボディが光るとの意見もあるが真偽のほどは定かではない。
    - ゴースト — クリアボディにうっすらと色を掛けたりすることで**半透明なカラー**にしたもの。水に溶け込み、ルアーのシルエットを目立たせない効果から、**スレた魚に効果を発揮**すると考えるアングラーが多い。

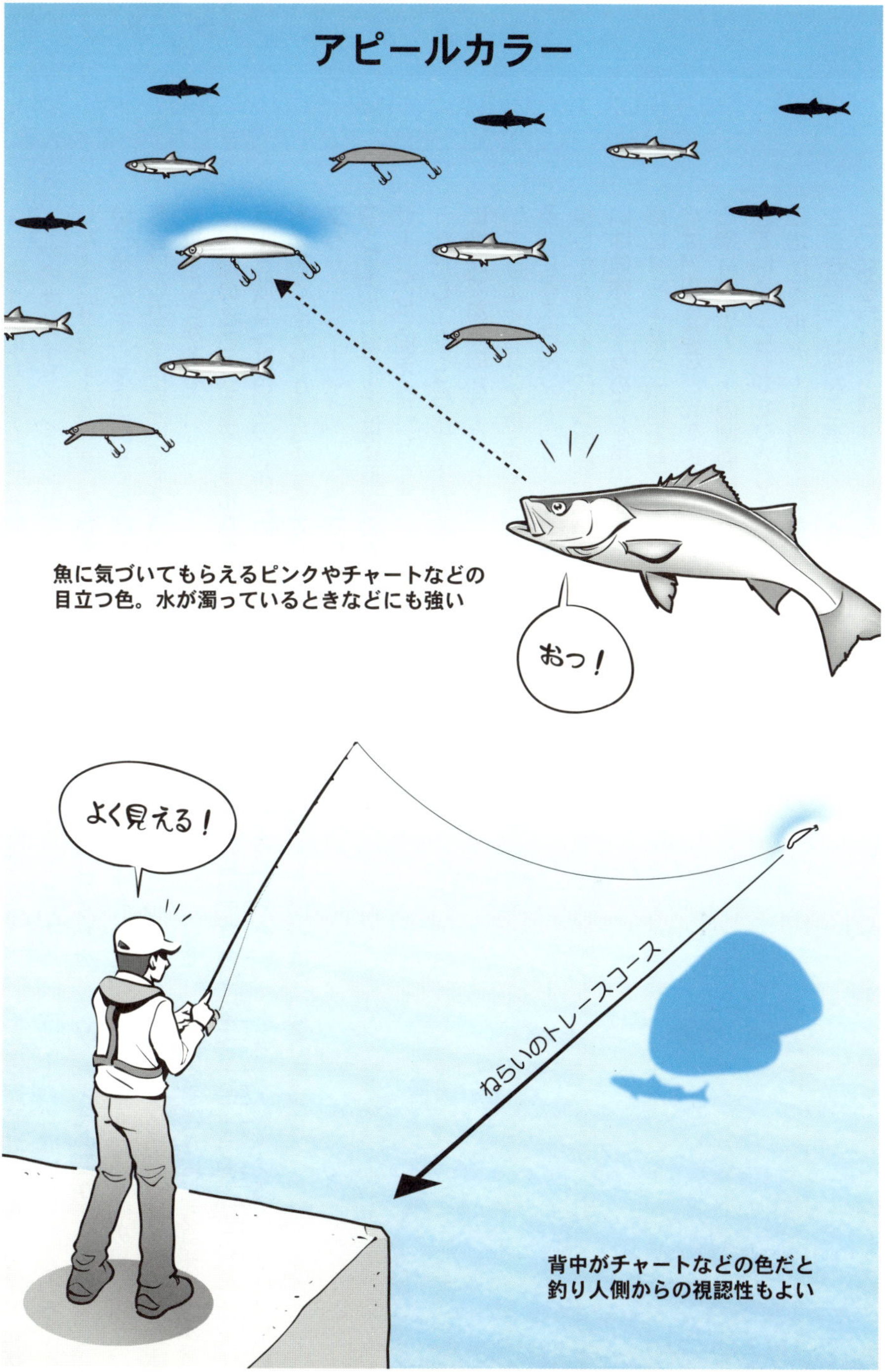
アピールカラー
魚に気づいてもらえるピンクやチャートなどの
目立つ色。水が濁っているときなどにも強い
おっ！
よく見える！
ねらいのトレースコース
背中がチャートなどの色だと
釣り人側からの視認性もよい

ナチュラルカラー

ベイトフィッシュを模したナチュラルカラーはターゲットに警戒心を与えない。地味系だが、実は充分にアピールできるカラーでもある。

ナチュラルカラーとは、一般的にはベイトフィッシュを模したようなカラーを差すことが多い。また、そこから転じて地味な色合いのカラーについてもそう呼ばれることがある。

実際のところ、ナチュラルなカラーとはどんな色なのかを改めて考えるとよく分からなくなってしまうが、ルアーフィッシングでは「アピールカラーとは正反対のカラー」として捉えられている。

ただし、ナチュラルカーが本当に地味であるのか?という点についてはよく考えてみる必要がある。たとえば、ベイトフィッシュを模したカラーというのは、たいていは魚体のきらめきを再現するためにメッキ系やホログラム系、またはアルミ箔など光をよく反射する素材をボディーの側面にもってきている。これがきびきびと泳ぐのだから、ルアーは周囲に反射光をまき散らしながら進んでくることになるわけで、地味かといえば決してそんなことはない。

地味な色では黒く塗られたルアーも要注意といえる。黒は光を反射せず逆に吸収してしまう色だが、そのために水中ではどんな状況でもその輪郭がくっきりと見えるという特徴がある。色彩的な刺激は少なくても、よく見えるという点ではアピール力が小さいとはいいがたく、むしろアピールの強い色であると考えたほうが自然だ。

逆に、パールホワイトなどは人間からすると派手な色に映るが、水中では光を曖昧に反射する。特に濁り気味の水の中ではぼんやりと見えることが多く、実は水に馴染んでアピール力は弱いといわれる。こう考えると見た目には派手なパールホワイトも状況によってはナチュラルカラーとして考える必要があるわけだ。

このように、人間の見た目だけで判断するのではなく、それが水中にあるときにどう見えるかを基準にカラーを選ぶことが、ルアーのカラーを考えるときには特に重要である。

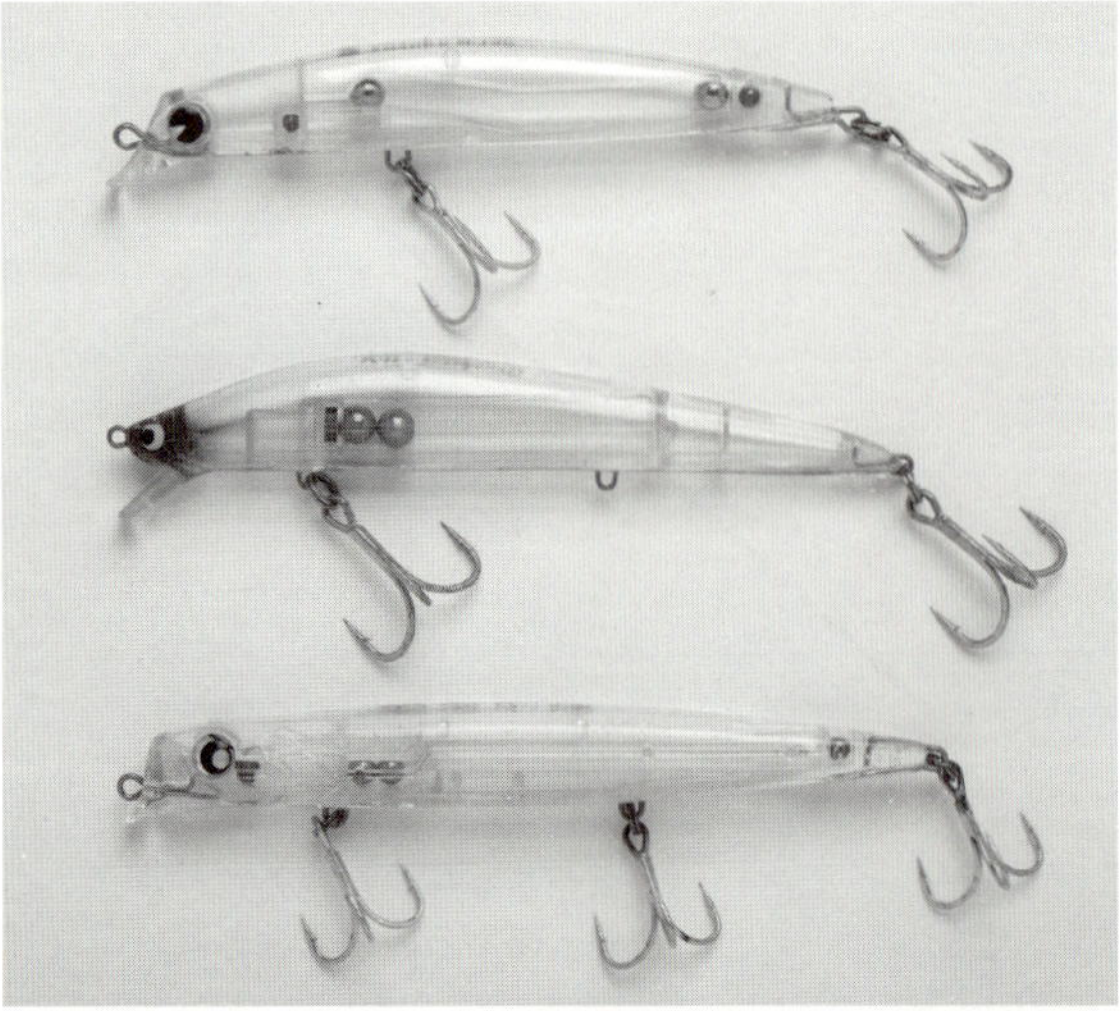

水に同化すると考えれば究極のナチュラルカラーともいえるクリアカラー（写真はオールクリア）。ハイプレッシャーポイントで強さを発揮する

青もの…サバやイワシ、ワラサ、ブリなどのサバ科の魚を、背中が青いことから総称して「青もの」と呼ぶ。

アクション…主にルアーの動きやサオの動かし方について表現する場合に使われる。「アクションを強めにして魚にアピールしよう」など。

朝・タマヅメ…早朝や夕方の薄暗い時間帯(日の出・日没前後)を差す。魚の活性が上がるとされており、「マヅメ時はよく釣れる」などと使われる。

オフセットワームフック…ワームで使うフックの一種。ラインを結ぶアイの先でハリの軸がクランクしていることからこう呼ばれる。ハリ先を隠すようにワームを付ける(少し出すこともある)ので根掛かりしにくい。

カウントダウン…シンキング(沈む)タイプのルアーを魚の泳層に合わせて沈ませるとき、1、2、3……と数を数えてどのくらいの深さまで沈んだのかを覚えやすくすること。次回も同じ層を引きたいときは同じ数をカウントすればよいし、浅い層ならカウント数を少なく、深い層はカウント数を増やすことで対応できる。

カケアガリ…水底の地形で手前が浅く、沖が深い斜面になっている部分のこと。カケアガリは魚が付きやすく好ポイントのひとつである。

カップ…ポッパータイプのルアーで、凹状になっている口に当たる部分のこと。

ゴロタ…人が持てるくらいの大小不揃いの比較的丸い石のこと。ゴロタ石が多い(岩なども含む)エリアをゴロタ場、サーフをゴロタ浜(サーフ)などと呼ぶ。

サーフ…いわゆる砂浜のこと。「サーフフィッシング」というジャンルとして人気がある。

潮変わり…潮の満ち引きによって、上げ潮から下げ潮に変わる時のこと。潮が動き始めると魚の活性も上がってくる。

シェイキング…ルアーにアクションを伝えるときのサオの操作方法のひとつ。細かくサオを震わすように動かして、ルアーに細かい動きを与えること。

シャッド…もともとはアメリカにいるバスのベイトフィッシュのこと。一般的にはサッパやコノシロのような少し体高のある魚を差し、それらを模したルアーをシャッドルアーと呼ぶ。

シャロー…水深が浅い場所。1〜2ｍまでの水深を差すことが多い。さらに浅いエリアをスーパーシャロー、ドシャロー（俗)などともいう。

ショア…ショアとは岸のことで、岸釣りのことも差す。陸っぱり(オカッパリ)も同意語。反対語はオフショア(沖釣り)。

ショックリーダー…根ズレ防止のために、メインラインの先に結ぶラインのこと。一般的にはメインラインより太いものを使う。

シンカー…ルアーフィッシング用語のひとつで、いわゆるオモリのこと。オモリを付けないときに「ノーシンカー」と使ったりもする。

ステディリトリーブ…リールを回転させてラインを引きルアーを動かす方法の一種で、一定の速度で巻き続けること。ただ巻きともいう。

ストップ&ゴー…リールを巻くのをやめてルアーを止めるのがストップ、巻いて動かすのがゴー。この繰り返しで魚を誘うアクションのことをストップ&ゴーという。

ストラクチャー…魚の付き場となる消波ブロックや水中の岩根、橋桁などの総称。

スプラッシャー…ペンシルポッパーの中で斜めにヘッドをカットしたタイプ。この水受け面で水しぶき(スプラッシュ)をあげるのでそう呼ばれる。

スレる…何度も釣られたり、常に釣り人が釣りをしているポイントでは魚の警戒心が強くなり、エサやルアーへの反応が悪くなる傾向がある。このような状態をスレるという。

ただ巻き…一定の速度でリールを巻いてルアーを動かすこと。

タナ…魚の泳層。捕食時の泳層を差す場合もある。このタナにルアーを泳がせて釣る。レンジと同意。

チャート…ルアーカラーで明るく目立つ蛍光色のこと。イエロー、グリーン、ピンクなどがある。チャートリュースの略。

デイゲーム…昼間の釣りのこと。

ティップ…先、先端。釣りではロッドの先端側を差す。ロッドティップの略。

テキサスリグ…ラインにシンカーを通してセットするワームの仕掛けのこと。作り方が簡単なのでもっともポピュラーである。

ドッグウオーク…フローティングペンシルで頭を左右に振りながら水面を泳ぐ動きのこと。犬が首を振って歩く姿に似ていることからこう呼ばれる。

鳥山…イワシなどの小魚を食べるために海鳥が水面近くに密集している状態。その下には小魚を求めて集まった大きな魚がいるので、鳥山は絶好のポイントである。

ナイトゲーム…夜間の釣りのこと。

ナブラ…魚が小魚を水面まで追い詰めて捕食している状態。このとき水面にバシャバシャと派手なしぶきが立つ。

根掛かり…ルアーやシンカーが水中の障害物に引っ掛かること。

根魚…岩礁帯などの根に好んで生息している魚(カサゴ、ソイなど)のこと。ロックフィッシュと同意。

ハードルアー…直訳すると硬いルアーだが、ワーム全般をソフトルアーと呼ぶのに対し、それ以外のルアー全般を差すことが多い。

バイト…魚がルアーに食いつくこと。

バチ抜け…ゴカイやイソメなどが産卵のために底の泥地から抜け出して水面付近を浮遊する状態のこと。2〜5月に起こりやすく、シーバスがよく捕食する。これをねらうのがバチパターン。

バラシ…一度ハリに掛かった魚が、刺さりが浅かったりしてファイト中にハリから外れてしまうこと。

ヒラ(を打つ)…魚がエサを食べるときなどに体を瞬間的にひねると鱗が反射する。ルアーをアクションさせて意図的にこれと同じ状況を作り出すことを「ヒラを打つ(打たせる)」と呼ぶ。

ファット…太っているの意味から、体積のある太ったタイプのルアーを差す。ファットボディー、ファットタイプなどと使う。

フィーディング…魚がエサを食べている状態のこと。その場所をフィーディングポイント、泳層をフィーディングゾーンなどともいう。

フィッシュイーター…魚を捕食する魚のこと＝ルアーフィッシングのターゲットとなる。

フラッシング…フラッシングとはパッと光る、閃光の意味で、ルアーのボディーやブレードで起こる光の反射を差す。魚が泳ぐときにキラッと見えるのを意識して、ルアーを泳がせるときにキラッとさせる。

ベイトフィッシュ…より大きな魚のエサになる小魚や魚介類のこと。

ベイト…ベイトフィッシュを省略してこう呼ぶ。

ベリー…おなかのこと。ルアーで使う場合は、そのままルアーの腹側を差す。また、ロッドの一番曲がる部分をベリー部ともいう。

ボイル…表層付近で捕食に夢中になっている魚が水面を破ったときの光景を、ボイル(沸騰)になぞらえたもの。

ポイント…魚が付いている場所。「ここはよいポイントです」などと使う。

ボトム…底のこと。

ポッピング…ポッパーを使って水しぶきとポップ音を出すこと。

ポップ音…ポッパーのカップ部が水をかむことで水しぶきをあげるときに出る音。魚が水面付近で捕食しているときに出す音を表現したもの。

マニュアルアクション…釣り人側が意識的にロッドを動かしてルアーに独特のアクションを付けること。

ミノーイング…ミノータイプのルアーを駆使してゲームをすることの総称。

ライトソルトゲーム(ライトゲーム)…比較的小さめのルアー（5㎝前後のルアーや15ｇ前後のジグ)を中心に使用する釣りの総称。

ラウンドヘッド…ジグヘッドのオモリ部分をヘッドと呼び、このうち丸い球形をしたもの。

リアクションバイト…ルアーに不規則な動きをさせることで、反射的に魚がルアーに食いつくこと。

リーリング…リールを巻く行為。

リグ…仕掛けのこと。テキサスリグ、スプリットショットリグなどという。

リップ…ルアーの前部に付いている抵抗板。ルアー前部を顔にたとえ、抵抗板を唇(Lip)として言い表わしている。

リトリーブ…リールを巻いてルアーを引くこと。

リフト&フォール…ルアーを上下させて魚を誘うアクションのこと。

レンジ…ルアーを泳がせる泳層(水深)。ディープレンジ、シャローレンジなどと使う。

ロックフィッシュ…カサゴやソイなどの根魚の総称。

海《うみ》ルアーのトリセツ

2011年11月１日発行

編　者　つり人社書籍編集部
発行者　鈴木康友
発行所　株式会社つり人社

〒101－8408　東京都千代田区神田神保町１－30－13
TEL 03－3294－0781（営業部）TEL 03－3294－0766（編集部）
振替00110－7－70582
印刷・製本　図書印刷株式会社

乱丁、落丁などありましたらお取り替えいたします。
ⓒTsuribito-sha 2011.Printed in Japan
ISBN978-4-86447-010-0 C2075
つり人社ホームページ　http://www.tsuribito.co.jp
いいつり人ドットジェーピー　http://e-tsuribito.jp/

本書の内容の一部、あるいは全部を無断で複写、複製（コピー・スキャン）することは、法律で認められた場合を除き、著作者（編者）および出版者の権利の侵害になりますので、必要の場合は、あらかじめ小社あて許諾を求めてください。